JN076535

「主観主義」の哲学

青木育志　著

目次

はじめに

客観主義と主観主義と言うと、人は客観主義が正しく、主観主義は正しくない、と思うらしい。つまり客観主義は客観的であって、どこか科学的だし、それに対して主観主義は主観的で、どこか恣意的だ、と思うらしい。そうであったとしても、主義のネーミングとしては、この客観主義と主観主義で良いと思っている。人が正しくないと思っている立場を押す、という逆説的訴えができるからである。

客観主義と主観主義というのは次のとおりである。すなわち、哲学の任務として、客観（外界）の在り方の説明に終始する立場を客観主義とし、主観から外界へのアプローチ（認識と道徳）の方法を吟味し、その説明に終始する立場を主観主義としている。詳しくは第2章第3節「客観主義と主観主義」参照。

その箇所で分かるとおり、客観主義は実は独断論であり、真偽の言えない形而上学であり、宗教的世界観を引きずっていて、擬人的宇宙観による世界観を抱いていて、事実と価値の一元論の自然主義にとりつかれている。つまり冒頭での印象とは180度異なるものである、ことが明瞭となる。対して主観主義は、恣意的どころか、科学の問題をまじめに考え、道徳と価値の問題をもまじめに追求しようとする。つまりイメージは逆転するのである。これはイメージだけではない。哲学の中身がそうなのである。

本書の構成としては、第1章に、哲学の導入として、宗教のテーブル、哲学のテーブル、科学のテーブルの考え方を導入した。第2章では哲学の立場を概観し、客観主義と主観主義の概念を導入する。第3章では客観主義の批判を行う。第4章では、主観主義の役目である科学論での問題点を探り、第5章では同じく道徳論と価値論での問題点を探ることになる。終章では、哲学の学問性と哲学の真理を考える。

客観主義とは具体的には、プラトンやG・W・F・ヘーゲルやマルクス主義やマルチン・ハイデガーなど、形而上学を駆使して、存在論を全面展開する理論である。それに対して、十八世紀にはイマヌエル・カントが最初の大打撃を与えた。二十世紀になってから、バートランド・ラッセルを初めとする分析哲学、カール・ポパーを初めとする批判的合理主義が、合理主義の観点から、全面的に批判を展開してきた。これらが主観主義である。

それらの仕事として、ラッセルによる16編に及ぶキリスト教批判の論考があり、代表作は『なぜ私はキリスト教徒ではないのか』（邦訳名『宗教は必要か』）である。ポパーは『開かれた社会の敵ども』（1945年）や『歴史主義の貧困』（1957年）で、プラトン―ヘーゲル―マルクス主義を大批判してきた。

日本においても、ラッセルやポパーの活躍を受けて、碧海純一が『合理主義の復権』（1973年）を著し、筆者もそれを受けて『客観主義と主観主義』（1989年）を出したりした。しかし、ソ連崩壊後、マルクス主義自身が衰退し、それらを批判する理論分野自体も衰微することとなった。

しかし、プラトンやヘーゲルやマルクス主義やハイデガーなどの影響力が、現在の哲学界から完全になくなったのであろうか。そうではあるまい。ポストモダンのフランス哲学はほとんどが形而上学ではないのか。日本の西田哲学も合理主義にはほど遠いもので、形而上学に覆われている。これらを研究することは現在も盛んに行われている。

本書は哲学入門書でもある。ただ、あらゆる立場を概観するという哲学入門書ではない。主観主義の立場に立って、客観主義を批判し、科学論と道徳・価値論を展開する、というスタイルの入門書である。

哲学者的には、カント、ラッセル、ポパー、河合栄治郎中心の叙述となっている。河合栄治郎は一般には社会思想家と見なされているが、実は哲学者としても大変優れた人であった。本書ではそのことを訴えている。

第1章　宗教と哲学と科学

Ⅰ　三つのコース

1. 人類の疑問

人類は太古のときから、今で言う宗教や哲学が問題とするような疑問点を、どの民族、人種においても、個人的にか、集団的にかは別として、またはっきりとか、そうでないかは別として、呈してきた。それらは宗教的にか哲学的にか、いずれかに秀でた人々を中心に行われてきた。有限なる命を持つ人類にとって、それは固有の思考行動というか性癖であったし、宿命でもあった。

ここで宗教と哲学を一つのものとして扱っているのは、両者が当初は同一の疑問への対処法だったからである。それが古代ギリシアでの哲学の誕生によって、二つは分離するが、当初は一つであった。その一つであったとき以来、彼等の提出した疑問点は多岐にわたるが、代表的なものとしては、次のようなものがあるであろう。それをタイプ別に分けて示せば、次のとおりである。

Aタイプ（世界問題）

「世界とは何か」
「なぜ世界は存在するのか」
A1タイプ
「神がいるのではないか」
「神が世界を創ったのではないか」
A2タイプ
「世界はなぜ存在するようになったのか」
「世界はどうやってできてきたのか」
A3タイプ
「世界を構成しているものは何か」
Bタイプ（人間の生死・意義問題）
「人間とは何か」
「人間はなぜ存在しているのか」
「人間はなぜ生きているのか」
「人間が生きることはどういう意味があるのか」
B1タイプ（生死の問題）

「人間が死んだらどうなるのか」
「あの世に天国はあるのか」「あの世に地獄はあるのか」
B2タイプ（自己の存在意味）
「自分は何のためにこの世に生きているのか」
B3タイプ（生死の問題）
「人間が死んだらどうなるのか」
「骨となってしまうのか」

ここで「世界」とは人類が生存する地球上の生活、あるいはせいぜいそこから見える夜空の星々、のことである。それは宇宙―銀河系―地球―ある地域―私の関連の中にある。そこまで詳しく、分かっているか、いないか、時代や地域によって違いはあるが、生活が成り立つ現実の世界である。

これらの疑問点がどのように絡み合って、宗教や哲学や科学に発展していくかについては、専門の研究が必要であるが、ともかくもそれらを追求するコースとして、宗教、哲学、科学の三コースができた。人類の歴史から言って、順序としては、宗教、哲学、科学の順番であった。

２．宗教の誕生

宗教がいつから人類の生活で発生したかについては、正確にはこれからの研究に待たれるが、原生人類（Homo neanderthalensis, 旧人類、旧人、原人）においても宗教の端緒は見えるものの、次の現生人類（Homo sapiens、新人類、新人、知性人）において、宗教の芽生えが本格化した、と言われている。

古代オリエントにおいては、エジプトの太陽神ラー（Ra）、アモン神（Amon）、アトン神（Aton）などの他に、ヘブライ人のユダヤ教（Judaism）、アッシリアのゾロアスター教（Zoroastrianism）、パルティアのミトラ教（Mithra）、ササン朝ペルシアのマニ教（Manichaeism）などがある。インドにおいてはバラモン教（Brahmanism）、ジャイナ教（Jainism）、仏教（Buddhism）、ヒンドゥー教（Hinduism）が発生した。中国では儒教、道教、五斗米道、大平道などが栄えた。

以降で宗教とは、信者数の多いキリスト教、イスラム教、仏教、儒教を中心として論ずることとなる。宗教と哲学を論じる場合に、宗教で問題となるのは世界観である。宗教学で対象となるのは宗教のすべての要素であり、それには①信念、②儀礼、③教団、④聖職者、⑤生活、⑥体験がある（宇都宮輝夫『宗教の見方』）。ここで①信念が哲学との対比で問題になるのである。

宗教での信念として、１「人類の疑問」に関わるのは、Ａタイプの中ではＡ１タイプであり、

Bタイプの中ではB1タイプであった。つまり、Aタイプ（世界問題）では、「神がいるのではないか」「神が世界を創ったのではないか」「神が世界の現象を統率しているのではないか」となる。Bタイプ（人間の生死・意義問題）では、「人間が死んだらどうなるのか」「あの世に天国はあるのか」「あの世に地獄はあるのか」となる。

3. 哲学の登場

哲学は古代ギリシアにおいて発生した、というのは定説となっている。古代のギリシア哲学は、①当初アテネ以外での、自然に寄り添った哲学であり、②次いでアテネでの社会に寄り添った哲学（ソフィスト）であり、③次いでアテネでの人間に寄り添った哲学（ソクラテス）、④次いでアテネでの総合哲学（プラトン、アリストテレス）、⑤次いでヘレニズム下での人生哲学（ストア派、エピクロス派）などであった。

量義治によれば、古代哲学はキリスト教以前の哲学、世界中心主義的哲学であり、中世哲学はキリスト教の哲学、神中心主義的哲学であり、近世哲学は脱キリスト教哲学、人間中心主義哲学であり、現代哲学は反キリスト教哲学であった（『市民のための哲学入門』）。

上記1の問題について、哲学は宗教の問題設定についての反省、あるいはその革命として、新たな問題を設定した。そのとき以来、哲学は非宗教として、上記宗教の問題意識A1、B1以外の問題意識を持ってきた。つまり本来の哲学の問題意識はA２、B２ではあったが、同時にA３、B３をも囲い入れてきた。それは近世になって、近代科学が分離独立するまで続いた。

哲学として、１の疑問点に関わるのは、Aタイプの中ではA２（A３を含む）タイプであり、Bタイプの中ではB２タイプ（B３を含む）であった。つまり、Aタイプ（世界問題）では、「世界はなぜ存在するようになったのか」「世界はどうやってできてきたのか」「世界を構成しているものは何か」となる。Bタイプ（人間の生死・意義問題）では、「自分は何のためにこの世に生きているのか」「骨となってしまうのか」となる。

４．科学の登場

科学の萌芽は古代ギリシアからあった。イオニアで自然哲学が生じたように、自然の事実を探求する動きは、ギリシアで起って、特にヘレニズム時代になって、幾何学（エウクレイデス、アポロニウス）、代数学（ニコマコス）、論理学（アリストテレス）、物理学（アルキメデス）、天文学（エウドクソス、フィロラオス、ヒッパルコス、アリスタルコス）、医学（ヒッポクラテス、ガレノス）、博物学（アリストテレス）が隆盛となった。

だが、科学が哲学に対抗できる意味で確立されたのは、近代になってからである。近代科学はルネサンスに始まり、十七世紀のアイザック・ニュートンで確立された、と見るのが一般的である。この中でも、天文学におけるニコラウス・コペルニクス、ティコ・ブラーエ、ヨハネス・ケプラー、ガリレオ・ガリレイ、アイザック・ニュートンの活躍によって、天文学の基本と言われることが発見され、確証された。

詳細に言えば、コペルニクスによって、地球の自転、公転（地動説）、5惑星の公転、万有引力の発見が、ティコ・ブラーエ、ケプラーによって、惑星は太陽を一つの焦点とする楕円軌道上を動くことが、ガリレイによって、地動説の確認、落体法則の発見、ニュートンによって、万有引力の法則化（慣性の法則、運動方程式、作用反作用の法則）が確立されたのである。

Ⅱ　宗教と哲学の比較

上記で人間の抱く基本的疑問に対する三つの活動があることを明らかにした。ここでは異なる三つのコースの相違を明らかにしたい。まずは、宗教と哲学の相違についてである。これについては、竹田青嗣が「宗教のテーブル」「哲学のテーブル」として、その違いを鮮明にしている（『中学生からの哲学「超」入門』）。苫野一徳もこの説を採用している（『はじめての哲学的思考』）。これは分かりやすいモデルなので、このモデルを用いて、その違いを明らかにしたい。

1．両テーブルの成立

人間は太古から古代にかけて、Ａ１タイプ、Ｂ１タイプの悩みや問題意識を持つようになる。このときに民族ごとに「物語」または「神話」を作って、それに答えようとする。ほとんどの場合、個人の誰が創ったとは言えない、まさに民族全体のアウトプット、「共同体の知恵」としてのものであった。そのうちにある個人がそれを担ったりするようになる。そしてその者は教祖となる。

その内容は、「この人（物語、神話）は奇妙なことも言うが、何か人間にとって大事なことを言っているぞ」として、信憑《しんぴょう》が拡がり、そのフォロワー（信徒）が集まる。そして「宗教のテーブル」が成立する。

それに対して「哲学のテーブル」では、「物語」や「神話」ではなく、自然というものの根本の成り立ちを、「概念」または「原理」（例えば、アルケー、無限なもの、空気など）によって説明しようとした。一つの民族や文化という枠を超えて広がってゆく。

主観と客観の観点から見れば、「宗教のテーブル」「哲学のテーブル」ともに、主観と客観は未分化で、主観と客観の全体を考察の対象とする、と言えよう。

2．両テーブルでの正誤の基準

「宗教のテーブル」においては、①「物語」「神話」での「主役」や個人開祖の「教祖」（合わせて「聖人」）がいて、皆が「この人は人間にとって大事なことを知っている」ということを信じている。また、「教祖」が死んでも、「教祖の言葉」が残って、この言葉には「聖なること」が隠されている、と信じて、人々が集まってくる。

②「物語」「神話」や「教祖」「聖人」を信じることで、世界についての一つの「共通了解」が成り立ち、それが一つの共同体を作るうえで大事な役割を果たす。聖なることを求めるゲームとなる。

③「共通了解」事項は「聖人」がトップダウンで決めることであり、フォロワー（信徒）はそれを「信じる」ことのみ許される。フォロワー（信徒）が勝手に新たな説を出すことは許されない。新たな説を出すことは、そのテーブル（宗教集団）にとっては、生存を脅かされることになるので、そのテーブルから離脱することを意味する。

それに対して、「哲学のテーブル」においては、①「概念」または「原理」で説明する。これは「真理」ということではない。それはいわば中心となる「キーワード」である。

②哲学はよりよい「原理」に交換可能な言語ゲームであり、後の人が先人の提出した「原理」に対して、幾度でも新しい「原理」を提示できる。誰でも原理を出していい。誰にも開かれた

ゲームである。

③どの説が正しいかは、ボトムアップで形成されていく。それを聞いている周りの人間が、この人の言い分が優れている、とか言って、決まってゆく。世界をより適切な仕方で説明する「原理」を提出する言語ゲームである。「普遍性を求めるゲーム」である。

Ⅲ　哲学と科学の比較

1．両テーブルの差

その対象が世界や人間であることは、「哲学のテーブル」においても、「科学のテーブル」においても、同じである。ただ、「哲学のテーブル」はそれを全般として扱うのに対して、「科学のテーブル」は個別領域ごとに捉えていこうとする。もう一つの違いは、上記で説いたごとく、「哲学のテーブル」は「概念」や「原理」で説明するので、その理論は「概念」や「原理」のみで構成される。ここに理想、当為、価値、意味が対象となる。

それに対して、「科学のテーブル」は現象または事実を対象とし、現象・事実と現象・事実との因果関係・メカニズムを研究する。その中から法則を抽出する。ただ、進化が遅い科学にあっては、法則定立までは到達していず、現象・事実の分類記述に留まることもある。主観と客観に分ければ、「哲学のテーブル」は主観と客観のどちらかの観点から考察しようとするが、「科学のテーブル」は客観のみを対象とする。

両テーブルの方法としては、明確に違いがある。「哲学のテーブル」においては、価値基準、意味基準から個々の問題を吟味・思考していくのに対して、「科学のテーブル」においては、現象と事実の観察から仮説を定立し、それが正しいかどうかを、価値基準、意味基準ではなく、現象と事実の世界での実験や観察によって、確証する。

両テーブルの解答としては、明確に違いがある。「哲学のテーブル」においては、カール・ヤスパースが述べたごとく、「哲学にそうした（科学のような）はっきりした答えがない」し、「哲学には人間や世界についての根本的な疑問があって、それをどこまでも考え続けるところに哲学の存在意義がある」。「原理」を少しずつ推し進めて、多くの人間が納得できる「共通了解」を作り上げてゆく。世界や人間の「本質」を抉《えぐ》り出す。

それに対して、「科学のテーブル」においては、同じくヤスパースの言によれば、「誰もが納得する明白な答えが出る」。それは「何々の法則」「何々の原理」としてまとめられ、他の研究者が同じ条件で実験すれば、同じ結果が出て、それらの法則、原理の正しさが確証される。

２．両テーブルの共通性

「哲学のテーブル」と「科学のテーブル」とでは、同様の側面もある。それはどちらのテーブルも、宗教とは異なった「学問」という形態である、ということである。どちらも学問の違った形態であると見なすことは、近代哲学と近代科学の勃興のときから、両者の意識にあったことであろうが、ここでは、河合栄治郎による把握を見ておく（『学生に与う』）。

①学問は個々の知識でもなければ、また知識の単なる寄せ集めでもなく、知識を体系化したものである。②体系を作ることは一定の原理を中心として初めて可能になる。③実際的必要からでなしに、それ自体のために知識をまとめるだけの閑暇、余暇がギリシアにあった。実際的必要と知識が分離したときに、ギリシアで学問が始まった。④学問とは一定の原理による知識の体系である。

哲学と科学を合わせて学問として捉えると、その学問の意義と価値は何であろうか。河合栄治郎はまず従来説を検討する。一つは①「生活のため」ということである。ここに「生活」が問題となり、「生活」が物質的自然的に生きるのであれば、これに反対する。ここでは、生きること、肉体の維持は何故に最高価値であるか、が問われねばならない。生活のためならば、学問は生活のために左右されることになる。これでは、学問の同一性が妨げられる。「生活のため」の一種として、「受験（試験）のため」がある。この考えでは、学生時代に学問の真味を解することができず、卒業後に試験がなくなると、学問を全廃することになる。

従来説に②「それ自体のために」(for its own sake) がある。この説を採った場合、道徳や芸術や宗教の価値はどうなるか。おそらく道徳や芸術や宗教よりも、学問のほうが上位だ、ということになるであろう。つまり、この説に立つと、「学問至上主義」となり、「主知主義」となる。この「主知主義」の創始者がソクラテス、プラトン、アリストテレスであった。この説は知識(学問)をもって唯一至上とすることで誤っている。その知識は科学的知識に限られやすい。そして「科学至上主義」に堕する危険がある。たとえ哲学的知識を包含するとしても、知識することをもって能事終われりとして、知識を主体的に把握することに至らしめない(「科学至上主義」については、第4章第6節「科学の限界」参照)。

次に、河合は「学問」(哲学と科学) の意義と価値についての独自説を展開する。①学問は「人格」の構成要素として道徳、芸術とともに、人格の内容を成す。人格成長の過程において、学問は成長のそれ自身の内容である。「学問至上主義」の欠点は真を真として放任し、善や美と連関を持たさなかったことにある。学問を人格・自我から遊離せしめて、学問を宙に浮かせていることが今日の学者の通弊である。いわんや学生においてをや (「人格」については、第5章第6節「最高価値は人格」参照)。

学問は自我に接触するときに、自我にいろいろの影響を及ぼさずにはおかない。i 一人の経験知識では足りないものを与える。かくして視野は広汎となる。ii学問は独断偏見を去るものであるから、フランシス・ベーコンのいわゆる洞窟を抜け出て、偏狭固陋《ころう》ではなくなる。iii学問は特殊を去って一般化するものであるから、特殊に囚われずに普遍を眺める。iv真理への道程の長きを知っているから、彼は常に「永遠の相下に」眺める。また永遠の真理の審判の前に立つことのみを願って、一瞬の運命を意としない。

②学問のもう一つの意義と価値は、道徳的活動に対して援助することである。何を実現せしめたらよいか、いかにして実現したらよいかは、道徳自体では決定されえないので、これを学問すなわち哲学と科学に待たねばならない。

3. 宗教と哲学と科学の関係

以上、宗教と哲学と科学の三コースについて、その違いと同じことなどを、簡単ながら考察してきた。ここでは改めてその三コースの違いを一堂に掲げてみる。

宗教の根本は「信じる」であろう。哲学のそれは「思索する」である。科学のそれは「現象にアプローチしてみる」であろう。これは一般人が日常の生活において、実施、体験しているところのものである。日常生活において、あることを「信じる」こともあるし、あることについて「思索する」こともある。あることに関して、「現象にアプローチしてみる」、そして現象がいかなる性質を持つものか、を知ることもあるし、その結果ある行動を起こすこともある。日常的に行うそれらの行為を専門的に行うのが宗教、哲学、科学である。

疑問点のタイプから言えば、第1節のA1タイプとB1タイプの疑問に答えを出すのが宗教であり、A2タイプとB2タイプの疑問に答えを出すのが哲学であり、A3タイプとB3タイプの疑問に答えを出すのが科学である。

宗教と哲学と科学はそれぞれ世界観を提出する。このうち、宗教の提出する世界観と哲学が提出する世界観はあまり対立することがない。同じむじなの生産物だからである。しかし、宗教の提出する世界観と科学が提出する世界観はときには大きく対立することがある。科学は事実と現象を研究することによって、その結果として出る世界象はかなり本当である、と思われるからである（宗教の世界観と科学の世界観の衝突については、第3章第3節「宗教的世界観の否定」参照）。

第2章　哲学の立場

Ⅰ　哲学の枠組み

1．哲学問題の類型とその関係

第1章で、宗教と哲学と科学の関係を見てきた。ここからは哲学について考えていく。第1章冒頭で掲げた「人類の疑問」をもう少し詳細に検討し、分類しておこう。人類の疑問で挙げた疑問のほとんどは存在論的問題と言えるもので、その他に近代から発生した認識論的問題と価値論的問題を加味して、整理してみると、次のようになる。

①存在論的問題

来世、別世界、神、絶対的なものはあるのか。

この世（自然、社会、人間）の存在の究極のものは何か、精神か物質か。

心と身体はどういう関係にあるか。

この世の存在の変動の要因は何か。

②認識論的問題

この世の存在の認識は妥当なものか。

感覚は個人ごとに異なるのに共通認識できるのはなぜか。

認識の真理なるものはどのようなものか。
科学の方法はどのようなものか。
③価値論的問題
我々の行動は自由か、それとも決定されているか。
我々の道徳は何を基準になせばよいか。
事実と価値はどのような関係にあるか。
この世で価値あるものとは何か。

2. 哲学の方法

上記の問題の解決のためには、哲学はどういう方法を採るべきであろうか。まずは、第1章の記述から考えていきたい。つまり、竹田青嗣や苫野一徳が説く「哲学のテーブル」では、メンバーが提出した説に対して、いわば美人投票のような形で、どれだけ支持が得られたかで、優劣が決まっていく、としている。宗教では、創始者などが発言したとされるものが権威あり、たとえそれのフォロワーであって、それに類似の説を唱えても、宗教の枠外と見なされる。つまりは別宗教または哲学上の発言と見なされる。

これから言えば、哲学と見なされるテーブルの範囲は非常に広いことになる。一方で、ほとんど宗教ではないかと思われるものから、他方で科学の一歩手前というものまでを含むことになる。これだけ広いテーブルで、単なる美人投票のようなものだけで、その見解の当否が決せられる、のは理解しがたいところである。

美人投票的なものとして、時代の推移とともに、よくない説は淘汰され、よい説のみが残るので、それでよいのだ、と竹田青嗣や苫野一徳の両名が考えているようだが、普遍妥当なものを追求する哲学として、そういうことは許されないはずである。

哲学も学問の一種である。一種というよりは、近代科学が樹立されるまでは、哲学は学問の代表であった。であるならば、時間による淘汰や美人投票的なものによる淘汰だけで、説の妥当性を決めるのは非学問的である。学問としての哲学は普遍妥当的な学問でなければならない。それには確実に正しいものを受け入れて、そうでないものを排除しなくてはならない（この観点からの哲学の学問性についての追求は終章参照）。

となれば、確実に正しいものを探求し、それによってのみ哲学を構成しなくてはならない。哲学の流派によっては、こういう観点がまるで欠けてしまっているものがある。そういう哲学を排除していかなくてはならない。

このことが近代哲学をして、認識論から始まらせることになるのである。本章冒頭の哲学的問題を追求しようとすると、かつ哲学を学問として追究しようとすると、人間の認識を省みなくてはならない。なんとなれば、確実に正しいこと、正しい方法をもって、哲学の問題に立ち向かう必要があるからである。哲学の本来の疑問は存在論的なものであるが、それを解明しようとなると、認識論からスタートさせなければならないのである。

3. 基本用語

ここから先の理論展開に当たっては、二つの観点を導入しておかなければならない。一つは「現象」(phenomenon) と「本質」(essence) ということである。上記のような、眼で見て、耳で聞くなどの、我々の五感に現れる自然の状況は現象である。その個々の現象の背後に、現象の変化、差異、特殊性などにかかわらず、一定の恒常的な「本質」がある、と推定される。この二つの区分を導入しておきたい。これが哲学的な「懐疑」(doubt) の最初であったろう。

ただ、ここでの「本質」には注意が必要である。イマヌエル・カントの場合、現象の背後に「物自体」(Ding an sich) を想定している。これも本質とは言えそうである。だが、カントにあっては、物自体があるとするだけで、それがどういう根本要素であって、それがどのように何かに影響を与えるとは一言も言っていない。問題なのは、その本質が哲学の根本であり、他の哲学要素に影響を与えるとする、形而上学、存在論などの考えである。

ここから先の理論展開は二つに分かれる。一つは、本質には眼もくれず、個々の現象の原因と結果を追求することであり、これは科学的探求ということである。もう一つは現象の奥にある本質を見出して、その本質とは何かを探ることであり、これが哲学の「形而上学」または「存在論」と呼ばれるものである。

もう一つの観点は「主観」(subject)と「客観」(object)である。主観とは現象を眺め、その奥に本質を見極めようとする「私」である。正確には、私の脳または心である。客観とは主観から眺められ、接触され、改造されようとする対象である。具体的には、宇宙、地球、(地球の)自然、社会、人間である。この導入によって、存在論の主眼は「客観の本質はいかなるものか」に答えるもの、と言いうるのである。

客観と主観を言い表す別の言葉がある。「外界」(external world)と「意識」(consciousness)である。「外界」は意識以外のものであり、意識から独立していて、意識から認識される対象である。だから、「客観」と同義である。また、外界の代わりに「実在」「存在」とも言う。「意識」は「主観」とほぼ同義である。意識の代わりに「自我」「自己」と言うこともある。本書においては、前者を「外界」、後者を「主観」という用語に統一して説明する。

4. 近代以降の哲学三分野

ルネサンスと宗教改革を経て、西洋近代においては、自然科学が勃興し、それに合わせて哲学も学問的形態を模索するようになった。つまり、中世までの「存在論」（ontology、形而上学とも言われる）に代わって、「認識論」（epistemology）の哲学を築こうとした。その場合、イギリスでは「経験」（experience）を中心にした認識論であり、「経験論」（empiricism）と呼ばれる。それに対して、大陸においては、「理性」（reason）を中心とした認識論となり、「理性論」（rationalism）と呼ばれた。ただ、イギリスでは存在論を全廃したのに対して、大陸では存在論も平行存続した。

存在論の問いは「この世の外界の現象の原理は何か」「外界の現象はいかなる原理で成り立っているか」であり、古代ギリシアの自然哲学と同じであるが、幾何学をモデルに学問としての哲学を追究する点が進んでいる。認識論の問いは「人間はいかにして真理を認識できるか」「私（主観）はいかにして対象（外界）を認識できるか」であり、「認識論」という哲学分野を創設したところが意義大である。

この理性論と経験論は副次的に「道徳論」も模索してきた。道徳論のテーマは「いかなる行為、状態が善いことであるか」「私（主観）はいかにして対象（外界）に働きかけるべきか」である。

カント以降の哲学では、①「存在論」（「形而上学」とも言う）と②「認識論」と③「道徳論」（「価値論」「倫理学」とも言う）が哲学の三大分野となった。特に、「存在論」と「認識論」は密接な関係があり、この二つを合わせた哲学と「道徳論」とが二大分野である、との解釈もできる。

ここで三大分野の関係を円錐形構造によって図示してみよう（第1図）。円錐の頂点が主観であり、底の平面が外界である。いわばサーチライトのように上から下を照らしている感じである。ここにサーチライトに照らし出された底の平面が存在論（外界とはこんなものであろうという理論）であり、主観から底の平面に向かう二つの作業・方向が認識論と道徳論である。このうち、外界の状況を知ろうとする分析・反省が認識論であり、客観の状況を変えようとする分析・反省が道徳論である。この構図はカール・ポパーの「科学サーチライト説」（searchlight theory of science）にヒントを得ている。

ただ精密に言うならば、四角で囲んだ存在論、認識論、道徳論ともに哲学理論であって、それは主観の中に出来上がるものなので、主観のすぐ下に描くことも考えられるが、そうすると三つの違いが分かりにくくなる。そこで便宜上第1図のようにした次第である。

哲学の三大分野での立場には、どういうものがあるのか。それには、真っ先に「自然主義」（naturalism）と「理想主義」（idealism）のことを挙げねばなるまい。先の「哲学の円錐形構造」を見ながら考えると、分かりやすい。「自然主義」とは外界の状況に添った考え方をすることであり、「理想主義」とは主観に添った考え方をすることである。換言すれば、前者は外界の

第１図　哲学の円錐形構造

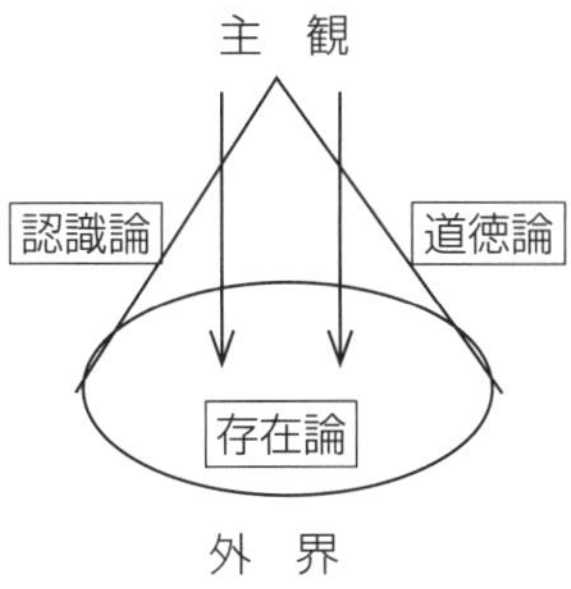

立場から考えることであり、後者は主観の立場から考える立場である。分析哲学では、自然主義とは、自然科学的思考法に近い立場を指すらしいが、ここではその立場を採らないこととする。

哲学にはいろいろの問題があり、ある問題で「自然主義」を採り、他の問題で「理想主義」を採るということや、あるいはその逆も、思考の取り得べき可能性としてはあるけれども、哲学の性格上、その考え方は統一されていなくてはならない。統一されていない場合は、「折衷主義」（eclecticism）となり、説得力に欠けることになる。

Ⅱ　外界と認識との問題

１．認識論の問題

主観は外界のあることＡを知ろうとして、外界のあることＡを眺める、あるいはそのためにいろいろ動いたり、操作するなどして、Ａについての像を結び、像を作ることになる。ここで、外界でのAと、主観にあるAについての像とは、どういう関係にあるか、が問題である。これが「認識の妥当性の問題」「実在と観念の問題」「実在論と観念論の問題」「外界の問題」と呼ばれるもので、認識論の中心問題である。

この問題での解答としては、「実在論」(realism)と「観念論」(idealism)とが基本的なものであり、前者は客観(外界)がそのまま主観を生む、というものであり、後者は感覚によって外界が分かる、というものである。前者は外界が基準となっており、後者は主観が基準となっている。

ここで注意しなければならないのは、同じような用語の用法でマルクス主義のものがある。「唯物論」と「観念論」という用法である。ここに同じ「観念論」が用いられていて、混乱のもととなっている。マルクス主義の用法は、存在論における「唯物論」(materialism)と「唯心論」(spiritualism)、認識論における「実在論」と「観念論」を混用した、誤った使用法である。我々の用法では、存在論における唯物論か唯心論かは形而上学であって、決着のつかない、無意味な問題設定であり、認識論における実在論か観念論かは、これから検討するとおり、有意味な問いなのである。

もう一つ注意しなければならないのは、外界の質である。普通にはそれは物質、物体を意味するが、宗教に影響を受けた思想家は、精神的な外界を想定したりする。それをそのまま主観が知ることも「実在論」（realism）と呼ばれたのである。これは中世に特有のことではあるが、同じ「実在論」（realism）という用語には、物質、物体をそのまま知るものと、精神の世界をそのまま知るもの、との二つがあるのである。このことが「認識の妥当性の問題」を混乱させてきたのである。

本書において、外界とは物質、物体を意味する。精神または精神的な外界が存在するとは、およそ一般人に考えられないことであり、その存在を信じることは形而上学であり、存在論であって、哲学としてそれを実在と考えることは否定されねばならない、ことは第３章で確認する予定である。本書ではそういうことはありえないことであり、外界とは物質、物体であることを当然とする。

2. 四つの立場

この問題を考えるには、学説史的にはいろいろな説があり、それらをいちいち検討していくのは極めて煩雑である。重要と思われる項目を拾い出してみよう。まずは、常識的観点からである。

①「素朴実在論」（naïve realism, commonsense realism）がある。この立場の存在論は、ⅰ物の世界としての外界が実在する、と考える。ⅱその世界は人間の知覚のありなしに関わらず存在

し続ける、と考える。この立場の認識論は・i物の世界としての外界を、人間の知覚によって、直接に完全に知ることができる、と考える。ii物の認識とは、外界での物の存在によって成り立つ、と考える。論者としては、一般人の95％がそうである。

①「素朴実在論」の欠点、つまり「素朴実在論」から次の②「表象的実在論」への推移の原因は、人間の知覚の不完全性である。つまりは思い違い、ケアレスミス、錯覚、幻覚などによって、知覚は外界を正しくは伝えないのである。それを端的に表現したのはルネ・デカルトやディヴィッド・ヒュームの「懐疑論」(scepticism) である。

知覚の不完全性としては、A人間の本性上の制約として、太陽は東から登り西に沈むように見える、太陽は地球の周りを回っているように見える、水の中に入れたまっすぐな棒は曲がって見える、遠くのものは小さく見える、などが挙げられる。B人間の本性上の制約(間違いやすい)としては、思い違い、勘違い、ケアレスミスがある。C主観の意識の持ち方として、あることに意識集中しているときに、他の音があっても雑音にしか聞こえない、向かい合う二人間である人が発言しても、相手に聞く気がなければ、雑音にした聞こえない、などがある。D錯覚としては、縄を見て蛇だと思う、ススキを見て幽霊だと思う、などがある。E幻覚としては、知覚対象がないのに見えたり聞こえたりする、がある。

②「表象的実在論」(representative realism) の考えは次のとおりである。すなわち、存在論

としては、ⅰ物の世界としての外界が実在する、と考える。ⅱその世界は人間の知覚のありなしに関わらず存在し続ける、と考える。認識論としては、ⅰその世界は不可知なもので、間接的にしか知り得ない、と考える。ⅱ物の認識とは、人間主観での知覚で成り立つ、と考える。論者としては、ルネ・デカルト、ジョン・ロック、一部の心理学者、一部の科学者がいる。

②「表象的実在論」の欠点、つまり「表象的実在論」から次の③「観念論」への移行の原因は、ナイジェル・ウォーバートンによれば、次のとおりである。現実世界は不可知なもので、間接的にしか知り得ない。一歩も外に出ることのできないプライベートな映画館に閉じ込められているようなものであり、イメージと現実世界がどれほど類似しているか、いつまで経っても確信持てない（『哲学の基礎』）。門脇俊介によれば、その説論者の想定している物質的実在についても、そうした実在が心に対して持つ因果関係についても、何事も知ることはできなくなる（『現代哲学』）。

③「観念論」（idealism）の考えは次のとおりである。すなわち、存在論としては、ⅰ物の世界としての外界が実在するかどうかは分からない、と考える。ⅱその世界は人間の知覚のある限りは存在するが、知覚がない場合は分からない、と考える。認識論としては、ⅰその世界は人間の知覚によって、直接に完全に知ることができない、と考える。ⅱ物の認識とは、人間主観での知覚のみで成り立つ、と考える。論者としては、ジョージ・バークリーがいる。

③「観念論」の欠点、つまり「観念論」から次の④「科学的実在論」への推移の原因は、次のとおりである。最大のものは、多くの者がおかしいと思う、非常識極まりないとされる、「独我論」(solipsism)に繋がることである。独我論とは、真に存在するのは自我の意識だけで、それ以外は存在しない、とする極端な立場である。バークリーでさえ、それを避けるために神の概念を導入したではないか。幻覚や錯覚と普通の認識とはどうやって区別するのだ、ということもある。さらには、知覚は人間によって異なるので、複数の人間間での話が合わない、客観性を見出しえない、ということもある。

④「科学的実在論」(scientific realism)の考えは次のとおりである。すなわち、存在論としては、ⅰ物の世界としての外界が実在する、と考える。ⅱその世界は人間の知覚のありなしに関わらず存在し続ける、と考える。認識論としては、ⅰその世界は人間の知覚によって、直接に完全に知ることはできないが、ほぼ知ることができる、と考える。ⅱ物の認識とは、外界での物の存在と、主観での知ろうとする意識、とで可能と考える。論者としては、科学者の大半がそうだと見なされている。

④「科学的実在論」の欠点、つまり「科学的実在論」から次の理論への移行の原因は、ウォーバートンによれば、次のとおりである。すなわち、「何かを見る」とは実際どんなことなのかを、つまり視覚の質的側面を、十分に考慮していない。知覚経験を一種の情報収集に還元してし

まっている（同上）。

3．四つの立場とカント

ここに、四つの理論をこのとおりに並べた、その順序には意味があるのである。①「素朴実在論」→②「表象的実在論」→③「観念論」→④「科学的実在論」となっている。つまり、理論的には、①「素朴実在論」の理論の欠点が分かり、その克服のために②「表象的実在論」が起こってきて、②「表象的実在論」の欠点が分かって、その克服のために③「観念論」が現れ、③「観念論」の欠点が分かって、その克服のために④「科学的実在論」が現れたのであった。と言っても、その理論が現れた以降、それまでの理論がなくなったわけではなく、現代においても、これら四つの立場の論者は存在するのである。

イマヌエル・カントの認識論は上記に当てはめれば、どうなるのであろうか。存在論としては、ｉ物の世界としての外界（物自体）が実在する、と考える。ⅱその世界（物自体）は人間の知覚のありなしに関わらず存在し続ける、と考える。認識論としては、ｉその世界（物自体）は人間の知覚によって、直接に完全に知ることができない、と考える。人間の知覚によって、物自体によって触発された現象のみを認識できる、と考える。ⅱ物の認識とは、主観での知覚（感性）と、主観での知ろうとする意識（理性）とで、認識できる、と考える。上記の４パターンとも異なる独自の見解である。第五のパターンと言えよう。

このカント認識論をどのように見なすか。一般には「先験的観念論」としている。吉賀正浩は「合理的観念論」としている（『哲学入門』）。桂寿一は「客観的観念論」または「批判的観念論」としている（『哲学概説』）。上記の存在論のⅰやⅱのみに着目すれば「実在論」である。そこから「批判的実在論」「経験的実在論」と見なす見解もある。

Ⅲ　客観主義と主観主義

1．哲学の立場としての客観主義と主観主義

ここから哲学における立場を考えていくが、前節「外界と認識との問題」における、外界と主観とで、どちらを中心に考えるか、に注目する必要がある。一方で、（A）外界を中心に主観を考える、外界から主観へと考える、外界の中に主観を取り込もう、とする立場がある。前節での①「素朴実在論」である。実際哲学的には、その立場の弱点を補う「修正実在論」に変貌している。他方で、（B）主観を中心に考える、主観から外界へと考える、主観の中に外界を取り込もうとする立場がある。前節で言えば、②「表象的実在論」、③「観念論」、⑤カントの立場がそうである。

この捉え方ではどちらにも分類できないものがある。④「科学的実在論」である。外界と主観にも偏しない、中立的な立場と言えよう。だからこそ、その立場での科学における真理追究ができるのである。この立場は科学論においては、それなりに活躍するが、哲学理論としては、外界を中心に主観を考える立場にもなるし、主観を中心に考える立場にもなりうる。

そこで哲学理論としては、（Ａ）外界を中心に主観を考えて、哲学理論を構成する場合は、外界を説明する理論となりやすい。例えば、宇宙↓銀河系↓太陽系↓地球↓（地球内の）自然↓社会↓人間↓主観ということになる。宗教に影響されている場合は、神↓宇宙↓地球↓（地球内の）自然↓社会↓人間↓主観ということになる。存在論と認識論の関係で言えば、存在論第一主義である。存在論の後に認識論がある。存在論の中に認識論を位置づける。哲学の任務としては、外界の状況（世界像）を探索、本質究明する。世界観の樹立が任務である。自然、社会、人間を究明する。

これに対して、（Ｂ）主観を中心に考えて、哲学理論を構成する場合は、（Ｂ１）主観↓（認識）↓外界〔認識、科学〕、（Ｂ２）主観↓（行為）↓外界〔道徳〕、（Ｂ３）主観↓（行為）↓空想の外界〔芸術〕の三方向の理論となる。存在論と認識論の関係で言えば、認識論第一主義である。認識論の後に存在論がある。認識論の中に存在論を位置づける。哲学の任務としては、主観から外界へのアプローチの方法を究明する。方法論、真偽基準の樹立が任務である。認識論、道

第２図　客観と主観の位置関係

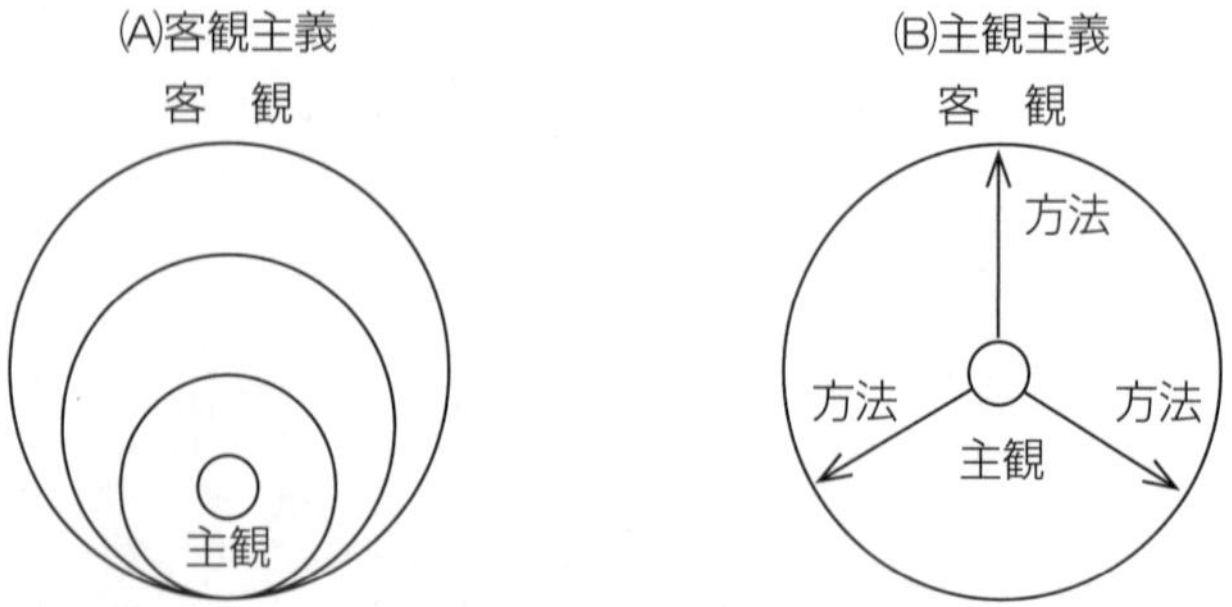

徳論、芸術論を究明する。

（Ａ）の立場は存在論一本であり、外界存在を客観的に説明しようとする立場なので、「客観主義」（objectivism）と名付けてよいであろう。これに対して（Ｂ）の立場は認識論、道徳論、芸術論が中心であり、主観から客観へのアプローチを任務とする。このことからこの立場を「主観主義」（subjectivism）と命名しよう。（Ａ）と（Ｂ）とは互いに正反対の立場であり、これらの違いを図示すれば、第２図のようになる。

「客観主義」「主観主義」の用語の一般イメージだけから言うと、客観主義が正しく、主観主義が間違い、との感じをもたれやすい。これから言えば、客観主義は客観的であることを主張するが、その実どうなのか、というところであり、主観主義は主観に徹することが客観的になることなのだ、との主張である、と理解できよう。

さらに細部にわたり両主義の違いを際立たせてみよう。客観主義における認識では、外界から主観への模写が基本となる。

第3図　認識の方向の違い

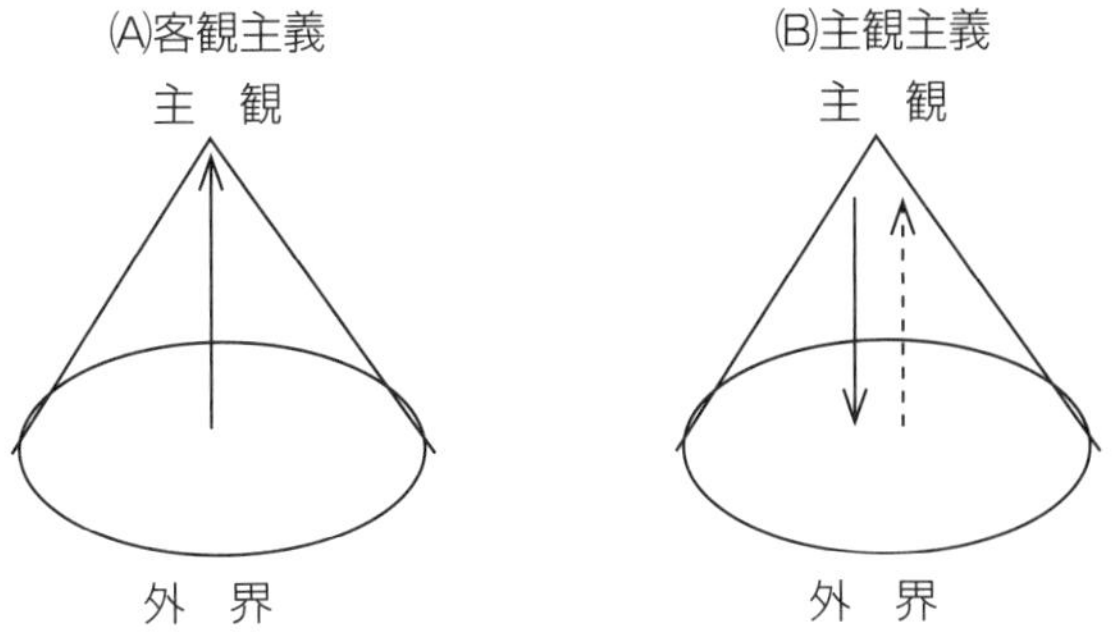

つまり、経験による事実の集積から帰納法によって法則が定立する、とされる。いわば人間の受動性が基本である。認識の方向は第3図においては、円錐の底辺から円頂への上向きの方向である。

主観主義においては、外界の認識で、主観の能動性が強調される。それは良い意味でも、悪い意味でも、そうである。良い意味とは、主体的に仮説を外界に投げかけて検証することである。悪い意味とは、思い違い、ケアレスミス、錯覚、幻覚などが起こることである。認識は主観の性格、習慣、関心度合い、そのときの感情、知識のありなし、頭脳の程度、などの要素に左右される。多くは主観の都合の良いように、認識対象は取捨選択され、事態は解釈される。認識の方向は第3図においては、円錐の円頂から円錐の底辺への下向きの方向である。

科学への評価・態度についても、両者は異なる。客観主義では、精神的なものと物質的なもので、見解は二つに分かれる。精神的（宗教的）な客観主義は、科学では世界象を構築できない、とする。物質的な客観主義は、科学的態度で世界象を構築すべきことを訴える。これに対して主観主義は、科学の真理構造を支えるべく、科学の構造を究明する。ただし、常に間違っているかもしれないとの思いがあり、可謬主義をとる。そして科学の発展によって、世界像は変化するので、その最新の世界像を尊重する。

科学と哲学の関係については、客観主義ではまたも見解が分かれる。精神的（宗教的）な客観主義は、科学と哲学は別物である、とする。哲学が先輩で、科学が後輩である、との態度である。物質的な客観主義は、科学と哲学は普遍と特殊の関係にある、とする。つまり自然科学、社会科学の次に哲学という科学がある、とする。これに対して主観主義は、科学と哲学は別物である、とする。科学は現象間の因果関係を追求するのに対して、哲学は価値・理想を対象とし、価値基準的に考察する。以上の違いを図示すれば、第４図となる。

次に客観主義と主観主義について、各々は相手陣営をどう批判するか、それを見てみよう。まず（A）客観主義への（B）主観主義からの批判としては、次がある。

○存在認識の前に認識方法を究明すべきである。認識方法によって存在認識は変貌する。

○存在論を展開している。それが哲学だとするが、その実形而上学であり、決着のつかない理論である。

○科学の研究結果を待たずして世界像を構築するので、独断論である。

第４図　客観主義と主観主義の違い

	Ⓐ客　観　主　義	Ⓑ主　観　主　義
哲学の任務	客観・存在の状況（世界像）を探索、本質究明する。 世界観の樹立が任務である。 自然、社会、人間を究明する。	主観から客観・存在へのアプローチの方法を究明する。 方法論、真偽基準の樹立が任務である。 認識論、道徳論、芸術論を究明する。
存在論と認識論の関係	存在論第一主義である。 存在論の後に認識論がある。 存在論の中に認識論を位置づける。	認識論第一主義である。 認識論の後に存在論がある。 認識論の中に存在論を位置づける。
人間の認識	認識とは外界から主観への模写である（第３図で上向きの方向）。 外界現象の奥にある本質に迫るのが真の認識である。 うまく認識できるはずだ、とする。	認識とは主観から外界へのアプローチである（第３図で下向きの方向）。 本質に迫るのはできないし、外界現象の解明に専念すべきである。 誤って認識するかもしれない、とする（可謬主義）。
科学の評価（科学への態度）	科学では世界像を構築できない（精神的）。 ある科学的態度で世界像を構築すべきである（物質的）。	科学の真理構造を支えるべく科学の構造を究明する。 科学の発展によって、世界像は変化する。その最新の世界像を尊重する。
科学と哲学の関係	科学と哲学は別物である（精神的）。 科学と哲学は普遍と特殊の関係にある（物質的）。	科学と哲学は別物である。

○精神的客観主義については、宗教的世界観そのものである。
○物質的客観主義については、その科学的前提は十九世紀の古いものである。
（B）主観主義への（A）客観主義からの批判としては、次がある。
○認識は存在の一部であって、認識の作用も存在の原理に拘束される。
○存在論の上に認識論、価値論を展開していないので、正しくない。
○世界観の樹立が哲学の任務にもかかわらず、その任務を放棄している。
○最も大事なこと（物質、神など）を忘れて、どうでもよいことを論っている。
これだけだと、具体的な客観主義、主観主義のイメージは掴みくいであろう。哲学史における有力な学説を分類すると次のとおりとなる。この場合、客観主義は外界の根本要素が何かによって、「精神的客観主義」「物質的客観主義」とに分かれ、主観主義は主観から外界へのアプローチで、どの要素を重視するかによって、「経験的主観主義」と「理性的主観主義」に分かれる。それを示せば、次のようになる。
（A）客観主義
（A1）精神的客観主義＝プラトン、トマス・アクィナス、ヘーゲル、ハイデガー
（A2）物質的客観主義＝マルクス主義
（B）主観主義

（B1）経験的主観主義＝ロック、ヒューム、ラッセル、分析哲学
（B2）理性的主観主義＝カント、新カント派、ポパー、批判的合理主義

2. 哲学史における客観主義と主観主義

以上見てきたように、哲学の歴史とは客観主義と主観主義の闘争の歴史または栄枯盛衰の歴史であった。そこで客観主義と主観主義の観点から時代区分をしてみると次のようになる。

①古代ギリシア前期＝客観主義中心の時代
②古代ギリシア中後期＝客観主義と主観主義の闘争時代
③中世神学期＝客観主義中心の時代
④近代哲学勃興期＝客観主義と主観主義の闘争時代
⑤近代哲学最盛期（カントの時代）＝主観主義中心の時代
⑥近代哲学衰退期（ヘーゲル、マルクスの時代）＝客観主義中心の時代
⑦現代哲学期＝客観主義と主観主義の闘争時代

二つの哲学系統は次のように脈々と受け継がれてきた。

客観主義＝イオニア自然哲学―プラトン―アリストテレス―プロティノス―キリスト教神学―大陸理性論―ヘーゲル―マルクス主義

主観主義＝ソフィスト・ソクラテス―アリストテレス―ストア学派―イギリス経験論―カント―プラグマティズム―分析哲学―批判的合理主義

ここでアリストテレスは二つの側に入っている。アリストテレスは客観主義と主観主義の二つの側に位置する哲学者である。アリストテレスの形而上学は客観主義を代表するものであり、論理学と倫理学は主観主義を代表するものである。従来は客観主義者としてのアリストテレスが説かれていたが、ここでは主観主義者としてのアリストテレスをクローズアップしたい。そこでプラトンの客観主義に対してアリストテレスの主観主義を対置するのもあながち間違ってはいまい。そのほかではヘーゲルとカント、マルクス主義と分析哲学の対比は重要である。それから言えば、客観主義は「プラトン＝ヘーゲル＝マルクス主義」と言ってよいし、主観主義は「(アリストテレス)＝カント＝分析哲学＝批判的合理主義」と言ってよいであろう。

近代になって、イマヌエル・カントは客観主義を打倒すべく、奮闘する。カントはその認識論において、客観主義哲学とは真偽の言えない形而上学であり、そういう方向を止めるべきであることを訴える。それに対して、認識論、道徳論、芸術論を哲学の中心にすべきことを主張する。客観主義と主観集の歴史において、これは特筆すべき功績である。

カント以降の哲学について言えば、(A) カントの攻撃を受けて、客観主義を高次の形で再生しようとする動きが出てくる。①カント以外のドイツ観念論（フリードリッヒ・シェリング、

G・W・F・ヘーゲル）、②非合理主義（アルトゥール・ショーペンハウエル、ゼーレン・キェルケゴール、フリードリッヒ・ニーチェ）、③生の哲学（アンリ・ベルグソン、ヴィルヘルム・ディルタイ）がある。

さらには、④実存主義（マルティン・ハイデガー、ジャンポール・サルトル、モーリス・メルロ・ポンティ、カール・ヤスパース）、⑤マルクス主義（カール・マルクス、フリードリッヒ・エンゲルス）などがこの流れである。

現代における⑥ポストモダンのフランス形而上学（エマニュエル・レヴィナス、ジル・ドゥルーズ、ミシェル・フーコー、ジャック・デリダ、など）や⑦西田哲学や田辺哲学もこの流れの中にある。これらの哲学は理由付けに高度なテクニックを用いているが、基本的に中世までの宗教的世界観と同じであり、真偽の言えない独白に過ぎない。これらの哲学は形而上学であり、学問とは言えない。

そうした流れに対して、（B）カントの高めた主観主義哲学をより高次なものにしようとする動きが現れる。十九世紀の①新カント学派（ヴィルヘルム・ヴィンデルバント、ハインリッヒ・リッケルト、ヘルマン・コーエン、パウル・ナトルプ）、二十世紀の②プラグマティズム（チャールズ・S・パース、ウィリアム・ジェームズ、ジョン・デューイ）がある。

さらには、③分析哲学（バートランド・ラッセル、ルートヴィッヒ・ヴィトゲンシュタイン、ルドルフ・カルナップ、A・J・エイヤーなど)、④批判的合理主義(カール・ポパー、ハンス・アルバート、エルンスト・トーピッチュ)、⑤ネオ・プラグマティズム(ウィラード・クワイン、リチャード・ローティ、チャールズ・モリス)などがそれである。

これらの哲学はカントの認識論をより高次にするもので、科学の在り方をより精緻に考察するものである。これらの哲学は真偽の言えるものであり、学問である。

第３章　客観主義の批判　──形而上学の否定

客観主義のG・W・F・ヘーゲルやマルクス主義の批判は、その研究者たちやその後の哲学者たちによってさまざまな形で行なわれて来た。ヘーゲルはその後のルートヴィッヒ・フォイエルバッハ、カール・マルクス、フリードリッヒ・エンゲルス、セーレン・キェルケゴール、アルトゥール・ショウペンハウアー、新カント学派、分析哲学などによって批判されて来た。マルクス主義はその後の修正主義諸学派、ジャンポール・サルトル、バートランド・ラッセル、分析哲学、ハンス・ケルゼン、カール・ポパーなどによって批判されて来た。

客観主義の批判が開始されたのは近代に入ってからである。その近代での先駆者はフランシス・ベーコンとルネ・デカルトである。プラトンやヘーゲルやマルクス主義を同類項にまとめ、その思想傾向をまとめ、それを批判するという作業はもっと新しい。このような形で批判することが意識されたのは、ラッセル、ケルゼン、ポパーあたりからだと思われる。もちろんラッセルもポパーも本書で言う客観主義・主観主義という用語を使っていないが、その考えは同じである。ラッセルは自己の立場と相手の立場とに特別な名称はつけなかった。ポパーは自己の立場を「開かれた社会」(open society)の哲学と名づけ、相手の立場を「閉ざされた社会」(closed society)の哲学と名づけている。ポパーの立場はハンス・アルバート、エルンスト・トーピッチュに引き継がれ、「批判的合理主義」(critical rationalism)の名のもとに一大学派を築きつつある。日本でのこの学派に連なる最大の人は碧海純一であろう。この学派の人々の批判活動によって、客観主義とりわけマルクス主義は大打撃を受け、起死回生が難しい状況にある、と思われる。

批判的合理主義による客観主義批判の核心は、客観主義の議論の展開法を論理的に分析し、その非合理性を糾弾することにある。その活躍は人類の知性の歴史の上で燦然《さんぜん》と輝くものであることは疑いがない。客観主義的思考の悪癖に悩む人類を、正しい主観主義的思考に戻すべく、活躍する正義の人々の観すらある。ただ惜しむらくは、これらの批判は社会思想的分野に偏しやすく、純粋哲学分野にはあまり触れられていない。

Ⅰ　確実に真なるものの探求

1．デカルトとライプニッツ

本章においては、客観主義を批判していくが、まずは第2章第1節「哲学の枠組み」をもとに、絶対確実な知識・原理を追求していく。それには哲学史から見ていくのが良い。近代哲学はルネ・デカルトから出発する。デカルトは「我思う、ゆえに我あり」として、確実なものとして神と数学的自然学を措定した。自然については純粋に数学的明証をもって認知できるものは真理であるとした。数学の命題は「生得概念」(idea innata, innate idea) であるがゆえに、真理だ、とした。これが真理明証説と言われるものである。

これを受け継いで発展させたのはゴットフリート・ライプニッツである。デカルトの数学的真理を「理性の真理」（永遠の真理、推論の真理）として捉え、これは「矛盾律」（principle of contradiction）によるもので、必然的であり、逆はありえない、とした。他方で、経験科学（力学）については、「事実の真理」として捉え、これは「充足理由律」（principle of sufficient reason）によるもので、偶然的であり、逆はありうるとする。つまりライプニッツは二種類の真理を認定したのである。

2. カント

ライプニッツの考えをより厳密に規定したのはイマヌエル・カントであった。カントは『純粋理性批判』（*Kritik der reinen Vernunft*, 1781）において、ライプニッツの「理性の真理」を「分析判断」（analytisch Urteil）とし、その定義を「主語Aの概念のうちに既に含まれている述語Bを、主語Aに属させる判断である」とした。主語と述語は「同一律」（principle of identity）または「矛盾律」によって結びつけられる。この判断は確実に成立するが、新たな知識は発生しない。

それに対して、ライプニッツの「事実の真理」を「総合判断」（synthetisch Urteil）とし、そ

第５図　分析判断と総合判断

	分析判断	総合判断
定　義	主語Ａの概念のうちに既に含まれている述語Ｂを、主語Ａに属させる判断	主語Ａの概念の外にある述語Ｂを、主語Ａに結びつける判断
	解明的判断	拡張的判断
判断の形成	ＡとＢとは同一律（または矛盾律）によって結びつけられる。 Ａ→（論理）→Ｂ	ＡとＢとは経験によって結びつけられる。 Ａ←（経験）→Ｂ
判断の性質	判断は確実に成立する。 新たな知識は発生しない。	判断は確実に発生しない。 新たな知識が発生する。
例	「物体はすべて延長している」	「物体はすべて重い」

（本多修郎『図説現代哲学入門』を元に作成）

第６図　カントの示す３判断

	分析判断	総合判断
後天的判断	①後天的分析判断 例、「物体は延長を持つ」	②後天的総合判断 例、「物体は重い」
先天的判断		③先天的総合判断 例、数学と物理学

の定義を「主語Aの概念の外にある述語Bを、主語Aに結びつける判断である」とした。主語と述語は経験によって結びつけられる。この判断は確実に発生しないものであるが、新たな知識が発生する。これをまとめると、第5図のとおりとなる。

カントは「分析判断」「総合判断」とは別に、「先天的判断」「後天的判断」を区別した。「先天的判断」の「先天的」とは「アプリオリ」(a priori)の訳語で、経験に先立つ、という意味であり、「後天的判断」の「後天的」とは「アポステリオリ」(a posteriori)の訳語で、経験の後に、という意味である。

以上の「分析判断」「総合判断」「先天的判断」「後天的判断」の組み合わせを考えれば、四とおりあるが、カントはそのうちの三つを有用なものと見なした。それは第6図のとおりである。①「後天的分析判断」の例としては、「物体は延長を持つ」がある。②「後天的総合判断」の例としては、「物体は重い」がある。③「先天的総合判断」(synthetisches Urteil apriori)の例としては、「直線は二つの点を結ぶ最短である」(数学)と「二物体が互いに力を及ぼし合うとき、それらの力は向きが反対で大きさが等しい」(物理学)がある。

カントにとっては、先天的は分析的と同様に必然的に正しく、かつ総合判断は新たな知識が発生するので、「先天的総合判断」は両方の要素を併せ持つ理想的な判断である、と見なした。そして『純粋理性批判』で、最後まで拘ることとなる。

カントの「先天的総合判断」は、いわゆる分析哲学が発生して、いの一番に批判のやり玉に挙げられてしまう。中山元の解説（中山元訳『純粋理性批判』①の解説）によると、次のとおりである。数学のうちの算数について、カントは「7に5を加えると12になる」を「先天的総合判断」の例に挙げているが、これについて後のゴットリープ・フレーゲは単位数を同じだけ加えた計算に還元されることを示し、それは分析命題であることを示した。幾何については、カントは「直線は二つの点を結ぶ最短である」を挙げているが、公理から始めた場合には、すべての命題は分析的に成立することが示された。また、非ユークリッド幾何学では、公理が任意に定められる。これらから幾何の例もすべて分析判断である。

自然科学の例として、カントは「質量保存の法則」「作用反作用の法則」を挙げ、これらは必然的に成立し、かつ経験的に成立するので、「先天的総合判断」だとしているが、なぜそうなのかの説明としては不十分だし、我々を納得させえない。のちの分析哲学では、いとも簡単にこれは総合判断である、と片付けられてしまう。先天的総合判断については、以上のようにカントの勇み足であったが、判断を分析判断と総合判断に分けたことは、分析哲学にも引き継がれていく。カントの大きな功績であった。

第７図　論理実証主義による三つの命題

	純論理的命題	経験的命題	見せかけの命題
定　義	内容が空虚で意味をもたないが、常に真であるもの（トートロジー）	原子的命題に還元分析して、事実と照らし合わせることにより、その真偽を判定できるもの	検証可能な原子的命題に還元できないもので、無意味な命題として科学から排除すべきもの
具体的命題	数学・論理学の命題	経験科学の命題	形而上学の命題
備　考	カントの分析判断	カントの総合判断	

（本多修郎『図説科学概論』『図説現代哲学入門』を元に作成）

3．論理実証主義

二十世紀に入り、分析哲学が出てくると、確実に真なるものの探求は最終段階に入る。その初期に出た「論理実証主義」（logical positivism）はヴィーンを中心とするオットー・ノイラート、モーリッツ・シュリック、ルドルフ・カルナップを中心とする。彼等はカントの「分析判断」を「純論理的命題」とし、「総合判断」を「経験的命題」とし、そのいずれでもないものを「みせかけの命題」として、全命題を三分するのである。カントとの関連で言えば、カントが先天的総合判断としたもののうち、数学・論理学の命題は純論理的命題とされ、因果律による経験科学の命題は経験的命題とされた。先天的総合判断は否定されたのである。

論理実証主義による主張は、数学・論理学（純論理的命題）と経験科学（経験的命題）のみが真偽の言えるもので、研究すべき価値あるものであり、それ以外のもの（見せかけの命題）は真偽の言えないもので、学問研究から排除すべきである、という強い主張を含意するものであった。

ここに哲学史上初めて、確実に真なるもの（前二者）とそうでないもの（最後の一者）とを区画したのである。最後の一者たる「みせかけの命題」にはどういうものがあるのか。例えば、a「感情表現文章」、b「意志・意向表現文章」、c「価値判断表現文章」、d「文芸的文章」（小説、詩など）、e「自分だけに意味を有する文章」、f「形而上学的文章」（山下正男『新しい哲学』）などがある。こういうものが学問として排除されたのであった。つまり「みせかけの命題」のみから成る形而上学がハッキリと否定されたのであった。

Ⅱ　形而上学の否定

1．形而上学とは

「形而上学」とは何か。これだけでも大きな問題で、精緻に論ずれば本1冊を要するものであるが、ここではこう捉えたい。「形而上学」の原語たる〝mataphysics〟は、アリストテレスの著作を整理する際、動物学や力学などの経験科学本の後に置いた著作ということから来ている。その後に置いた著作の内容がアリストテレスの言う「第一哲学」であって、それは神学や存在一般についての学のことであった。ちなみに「第二哲学」は数学、自然学（physics、物理学）であった。つまりアリストテレスの学問分類順序と著作の並べ方は逆転になったのである。

それはそれとして、形而上学とはアリストテレスの言う「第一哲学」のことであり、それは「実体」（substance）とは何か、「実体」が変動する要因は何か、その変動の最初の原因は何か、などを研究するものであり、これには神についての論やプラトンのイデア説批判をも含むものであった。

このようなアリストテレス哲学が西洋に継承されて以来、このような学問が「形而上学」と呼ばれるようになった。そして、「存在論」（ontology）とも呼ばれるようになった。形而上学と言い、存在論と言い、その用法はほとんど同じであるが、敢えて区別するとすれば、形而上学が議論の仕方の曖昧《あいまい》模糊性や独断性に焦点が当たるのに対して、存在論は議論対象として存在一般に焦点が当たる。つまり前者はある議論法上の哲学用語であり、後者は哲学分野での哲学用語である。

この用法でいけば、「形而上学」には「存在論」もあるし、「認識論」もあるし、「道徳論」もある。議論の仕方が曖昧模糊的や独断的であれば、その議論対象が存在であろうと、認識であろうと、道徳であろうと、「形而上学」となる。

第1章第1節「三つのコース」冒頭で掲げている人類の疑問のうち、A1タイプ「神がいるのではないか」「神が世界を創ったのではないか」、Ａ２タイプ「世界はなぜ存在するようになったのか」「世界はどうやってできてきたのか」、Ｂ１タイプ「人間が死んだらどうなるのか」「あの世に天国はあるのか」「あの世に地獄はあるのか」、Ｂ２タイプ「自分は何のためにこの世に生きているのか」に答えようとするのが「形而上学」である。

第２章第１節の１「哲学問題の類型とその関係」で掲げているものとしては、「来世、別世界、神、絶対的なもの（プラトンとかヘーゲルが想定するもの）はあるのか」「この世（自然、社会、人間）の存在の究極のものは何か、精神か物質か」「心と身体はどういう関係にあるか」「この世の存在の変動の要因は何か」の問いに答えるのが「形而上学」である。

2. カントによる否定

第１節「確実に真なるものの探求」によって、「形而上学」なるものが確実に真なるものでない、ことが明らかになった。つまり「形而上学」とはほとんどが、「分析命題」や「総合命題」でない文章によって構成されているし、それらは「見せかけの命題」「無意味な命題」であることは確実で、これからも学問性を有する、とは思われない。

しかし第１節だけでは、まだ面と向かって「形而上学」を否定するまでにはなっていなかった。哲学史上、初めて「形而上学」の否定に着手したのはイマヌエル・カントであった。カント

第8図　四つのアンチノミー

	A定立	B反定立	備　考	
	物自体	現　象		
1	世界は有限である。	世界は無限である。	分量	常にA、Bともに成立しない。数学的二律背反
2	単純なものがある。	単純なものはない。	性質	
3	自由がある。（自由による原因性）	自由はない。（自然法則）	関係	常にA、Bともに成立する。力学的二律背反
4	存在者がある。	存在者がない。	様態	

（浅井茂紀『哲学の原理』を元に作成）

は、『純粋理性批判』（*kritik der reinen Vernunft*, 1781）において、形而上学の議論では、問題の性質ゆえに、A説（定立）も、それを否定する非A説（B説、反定立）も、ともに成り立たないか、ともに成り立つことを示すことによって、こういう議論は決着がつかない、ことを証明したのであった。

ともに成り立たない、またはともに成り立つ議論のことを、カントは「アンチノミー」（Antinomie、二律背反）と言う。アンチノミーの例として、カントは四つを挙げたが、それは四つのカテゴリー（分量、性質、関係、様態）に対応するものであった。四つのアンチノミーにおける、定立と反定立の状況をまとめると、第8図のとおりである。

ここでは、第一のアンチノミーについて、検討したい。ここでの形而上学の問いは「世界には、時間的・空間的に、始まり・限界はあるか」であり、それに対する定立は「世界は時間において始まりがあり、空間的にも限界がある」であり、反定立は「世界は始めも限界もなく、時間的にも空間的にも無限である」となる。

A説の立場に立って検討していくと、「世界に始まりがある」ので、「始まりの前は何もない（無）」ことになり、そうすると「無からは何も生じえない」ので、「世界に始まりはない」ことになり、つまりB説となる。

逆に、B説を採ると、「世界に始まりはない」ので、「無限の時間が過ぎ去った」ことになる。そうすると、「無限の時間が過ぎ去ることは不可能」なので、「世界に始まりがある」ことになる。つまりA説となる。

こういうように、A説が正しいとして検討していくと、B説が正しいこととなり、逆にB説が正しいとして検討していくと、A説が正しいことになる。A説、B説ともに成り立たないのである。ということは、A説が正しいか、B説が正しいか、は決着がつかない議論なのである。つまり形而上学とは決着がつかない議論なのであって、こういう議論をすること自体が無意味なのである。

この議論の意味するものとして、専門家の意見を徴しておこう。野田又夫は、形而上学的思考は範疇を絶対化し、物自体に適用することによって、形而上学的知識が得られるとすることで、無用なものである、とした（『西洋哲学史』）。竹田青嗣は、形而上学の問いには答えがなく、形而上学の不可能性の原理を証明した、とした（『中学生からの哲学「超」入門』）。西研は形而上学を始末した、と言う（『大人のための哲学授業』）。

ところが実際の哲学史では、カントが声大にして訴えた「形而上学は学問にあらず」はそんなに影響力を持たなかったようである。第一に、同じ「ドイツ観念論」と言われるフリードリッヒ・シェリング、G・W・F・ヘーゲルにしてからが、その言葉を忘れて、形而上学構築に邁進した。その後の非合理主義、生の哲学、実存主義、マルクス主義なども、同様に形而上学を構築し続けたのである。

3．論理実証主義による否定

第1節「確実に真なるものの探求」の3「論理実証主義」における、命題の三区分はここでも有効である。つまり論理実証主義は、命題を「純論理的命題」「経験的命題」「みせかけの命題」と分類したが、特に「みせかけの命題」を排除するために、「純論理的命題」を「無意義（senseless）な命題」、「経験的命題」を「有意味な（meanigfull）命題」とし、「みせかけの命題」を「無意味な（nonsensical）命題」と言い換えもした。ちなみに純論理的命題は新しい知識を生み出しえないゆえに、無意義であり、経験的命題は新しい知識を生み出すがゆえに、有意味な命題なのである。

つまり数学・論理学の命題、経験科学の命題の二つのみが考慮されるべき命題であって、それ

第9図　論理実証主義による三つの命題

	無意義な命題	有意味な命題	無意味な命題
定　義	内容が空虚で意味をもたないが、常に真であるもの（トートロジー）	原子的命題に還元分析して、事実と照らし合わせることにより、その真偽を判定できるもの	検証可能な原子的命題に還元できないもので、無意味な命題として科学から排除すべきもの
具体的命題	数学・論理学の命題	経験科学の命題	形而上学の命題
備　考	カントの分析判断	カントの総合判断	

（本多修郎『図説科学概論』『図説現代哲学入門』を元に作成）

以外の形而上学的な命題は無意味である、としたのである。数学・論理学の命題は論理分析で真偽が分かり、経験科学の命題は実験や観察によって真偽が言えるが、形而上学の命題は論理や実験などによっても真偽が言えないものなのである。

論理実証主義は経験科学と形而上学とを分かつ原理として、「検証可能性の原理」（verifiability theory）を提唱した。すなわち、有意味な命題、つまり事実（実験、観察）と照らし合わせることによって真偽を判定できるもの、別言すれば検証可能なもの、のみが科学として有意味なものである。すべての検証できない命題は無意味である。これは科学と非科学との区画問題への一つの解答であった（区画問題については第4章第4節「非科学との区画問題」参照）。

論理実証主義による「検証可能性の原理」にはその後、大きな意味での分析哲学内部の日常言語学派や批判的合理主義（カール・ポパー）などから批判が続出した。「検証可能性」の難点としては、一つには単称命題には言えるが、全称命題（法則）には対応できない。二つには、科学以外のもの、つまりは哲学をも否定することになる。存在論、認識論、価値論ともに否定することになる。三つには、「すべての検証できない命題は無意味である」も検証不可能なのである。こういうことから論理実証主義は「検証可能性」原理の否を認め、撤回した。撤回するとしても、形而上学の意味を認めたわけではない。

4. 批判的合理主義による否定

「批判的合理主義」（critical rationalism）の形而上学批判は、議論の性質、展開法の考察をもとにしている。それによると形而上学は「空虚な公式のファラシー」「統一のファラシー」を犯している。

「空虚な公式のファラシー」はカール・ポパーによって唱えられた。ただしポパー自身はこの用語を使っていない。ポパーの用語をもとに言い代えれば、「反証不可能性のファラシー」とでも言えようか。ポパーは科学と非科学との「区画基準」（criterion of denarcation）を「反証可能性」（falsifiability）に置いた（詳しくは第4章第4節「非科学との区画問題」参照）。これは論理実証主義の検証可能性の理論に対抗する理論であった。これによると反証可能性のある理論を科学とし、反証可能性のない理論を非科学とした。形而上学は事実や経験による反証が不可能であり、いつでもどこでも通用する理論であるが、経験内容がほとんどなく、非科学というわけである。非科学のなかには、ジークムント・フロイト、アルフレート・アドラー、カール・グスタフ・ユングの精神分析学やマルクス主義の弁証法理論が含まれる。

エルンスト・トーピッチュはポパーの理論を受けて、「空虚な定式について」（1960）で、空虚公式の定式化を行なった。つまり、形而上学は反証可能性がなく、経験内容が空虚であって、まさにそれゆえに驚くべき説得力や扇動力を発揮する。トーピッチュは「空虚な公式のファラシー」を犯すものとして、自然法論と弁証法を挙げている（詳しくは終章「哲学の学問性」参照）。

「統一のファラシー」は、自然とか社会について科学研究する前に、統一的な法則があるはずだ、として断定してしまうやり方である。自然についてはそうでもないが、社会・歴史についてはこの種の弊害は大きく、「歴史主義のファラシー」として独立して取り扱ってもよいくらいである。

このようにして、カントの批判においても、分析哲学の批判においても、批判的合理主義の批判においても、プラトン、ヘーゲル、マルクス主義などの客観主義は形而上学として排斥された。

Ⅲ　宗教的世界観の否定

宗教そのものはさまざまな要素を持つもので、さまざまな要因から、人類の歴史の中で、各民族の中でそれぞれ固有の宗教を生み出してきた。そのような宗教を全的に否定することは全人類の否定に繋がるものであるが、宗教の中から、宗教的世界観だけを取り出して、それと存在論哲学との関係を論じ、それを否定することは意味がある。この立場は宗教のその他の要素を否定するものではない。

1．キリスト教的世界観

キリスト教の根幹は何であり、その世界観はいかなるものであろうか。それには、何を信じることがキリスト教徒なのか、が問題となる。その基準が「(キリスト教徒たる者の) 信条」というものであり、最も重要なのが「使徒信条」(Apostles' Creed) である。

この「使徒信条」の哲学的な解釈としては、第1条は有神論、天地創造、第2条は①神による天地創造→②人間の原罪→③神の子、イエスの受肉→④イエスの受難（贖罪）→⑤イエスの復活・昇天→⑥イエスによる再臨・最後の審判、第3条は聖霊実在説、第4条は教会指導説、原罪説と贖罪説《しょくざい》、霊魂不滅説（霊肉二元論、心身二元論）を説いている、と言える。

ここからと、その後の教会が創出したものを加えた、世界観として抽出できるのは、A有神論（人格的神概念）、B天地創造、C啓示や奇跡、D霊魂不滅説である。つまりこの説によると、人間のような神が宇宙のどこかにいて、その神が宇宙や地球を作り、人間を作り、ときたま人間に対して啓示を行ったり、奇跡を起こしたりし、それを信じる人間は死んでもその霊魂は残り続ける。

2. 初期の否定

西洋思想史上で、最初にキリスト教的世界観に異を唱えたのは誰かについては、誰だとは定まっていないようであるが、中世末期のヴァルド派、カタリ派やジョン・ウィクリフ、ヤン・フスなどはカトリックに対する異端ではあっても、キリスト教世界観に異を唱えたのではあるまい。とすれば、最初に異を唱えたのはルネサンス期のジョルダーノ・ブルーノか。ブルーノは『無限、宇宙および諸世界について』（1584）を出版し、その中で地動説支持、汎神論的世界観（A有神論の否定）、唯物論的見解も示し、宇宙は無限であると公言して、火刑された。

本格的な否定はバールーフ・デ・スピノザであろう。スピノザは「神即自然」（deus sive natura）「能産的自然」を唱え、「汎神論」（pantheism）を唱えた（A有神論とB天地創造の否定）。その世界は一元論であり、決定論であり、その神観は非人格的神概念（A有神論の否定）である。汎神論というと、宇宙イコール神というイメージであり、それほどキリスト教教義を否定していないかのようであるが、上記のようにAとBを否定しているのである。現にスピノザは当時無神論と見なされていたのである。

次いでの否定は「理神論」（deism、自然神論、自然宗教）である。論者としては、十七世紀のエドワード・ハーバート、アイザック・ニュートン『プリンキピア』（1687）、ジョン・ロック『キリスト教の合理性』（1695）、ジョン・トーランド『神秘ならざるキリスト教』（1696）、アンソニー・コリンズ、十八世紀のマシュー・ティンダル『創造の昔からのキリスト教』（1730）、シャフツベリー伯（宗教と道徳を分離、徳はそれ自身として徳である）、フランシス・ヴォルテール、トーマス・ペイン『理性の時代』（1793）などがある。

その理論は、①神を世界の創造者として認める（汎神論に反対）、②神を人格的存在とは考えない（A有神論に反対）、③世界は創造された後では、自然法則に従って運動し、神の干渉はないとする、④啓示や奇跡を否定する（Cを否定）。

3. ヴォルテールとヒューム

フランシス・ヴォルテールは亡命先のイギリスで、アイザック・ニュートンやジョン・ロックの理神論に触れてそれを吸収したので、表だってはカトリックの立場ではあったが、『哲学書簡』（1734）『カンディード』（1759）『寛容論』（1763）などで、カトリック教会や絶対主義専制を批判し続けたのであった。そしてカトリック教会からは目の敵にされたのであった。

理神論的背景の中にいたディヴィッド・ヒュームは四つの宗教批判の論考を残した。そのうち最重要なのは、『自然宗教についての対話』（*Dialougues Concerning Natural Religion*, 1779）であろう。「自然宗教」（natural religion）とは、神の存在を論証できる、とする宗教的立場である。その中にも二者があるとして、一つは経験的なことで論証しようとする者（上記著作ではクレアンテス、理神論者）であり、これについては因果律の推理を誤って応用するものであり、とうていそれによっては神を論証できない、とする。

もう一つは純粋な推理によって論証しようとする者（上記著作ではデメア、教会の神父や牧師）であり、これについては経験なしで物の存在を推定するのはナンセンスである、とする。この議論は重要であって、この考えはカントに受け継がれることになる。こうしてヒュームは二つの議論を葬り去り、神が存在するとの論証はできない、と結論づける。

4．カントによる神の否定

イマヌエル・カントは『純粋理性批判』（*Kritik der reinen Vernunft*, 1781）の中、「純粋理性の理想」の章において、「神の存在証明」の否定に取りかかる。「神の存在証明」はキリスト教の隆盛であった中世において最も盛んであり、近世においてもデカルトやライプニッツさえもが試みたのであった。

「神の存在証明」にはいろいろのものがあるが、カントは①「存在論的証明」、②「宇宙論的証明」、③「自然神学的証明」の三つが最も基本的なものであり、その三つとも否定するとともに、その中でも「存在論的証明」が最も基礎的なものであり、それを否定することによって、その三つを完膚なきまでに論破してしまった。

まず最初の①「存在論的証明」(ontologischer Beweis)とは、最高存在者の概念から、その現存在を証明しようとするものである。主張者がそれが言えるとするのは、最高存在者の概念の中には当然「存在」という述語も含まれているはずであり、したがって最高存在者は存在する、と結論づけるのである。

これに対してカントは、「存在者の概念」とその「現実的存在」とは異なる、前者から後者を抽き出すことはできない、と主張する。対象の現実的存在を認識するためには、経験的直観が存しなければならない、とする。「存在が物の実在的述語でないことは明らかである」と述べる。「究極の存在者が存在する」はアプリオリな分析判断でもなく、アポステリオリな総合判断でもない。よって、「究極の存在者が存在する」は真でも偽でもない。

このことは他のことで考えると、分かりやすい。すなわち、人間は神と同様に、幽霊や龍や人魚など、現実に存在しないものを想像し、それに名前をつけることをしがちである。それら幽霊や龍や人魚の名前はあるが、実在はないのである。神も同じことである。「概念」から直ちに「存在」を導出しようとする、論理的矛盾を犯した、誤った推論なのだ。太古から現代まで、人間が侵しやすい誤った推論なのである。「概念から存在を仮定する誤謬」とでも言えようか。

二番目の②「宇宙論的証明」(kosmologischer Beweis)とは、日々の経験からその最も根源的原因にまで遡り、それが諸物のすべての元であることを示し、それによって神が存在することを証明しようとするものである。この説によると、究極の原因として第一原因があるし、その第一原因は神であるとする。

これに対してカントは、この説は因果律を前提としているが、因果律は現実の世界のみに適用されるもので、超現実世界には適用できない、と主張する。そして、第一原因イコール神として、神が存在する、ことについては、「存在論的証明」における「概念から存在を仮定する誤謬」が該当する、と見なす。つまり、「宇宙論的証明」は「存在論的証明」を前提としており、「存在論的証明」は前述のごとく誤りであるので、「宇宙論的証明」も誤りとなる。

三番目の③「自然神学的証明」(physikotheologischer Beweis)とは、自然の秩序や美といった一定の経験から、それを生み出した「制限されない無制約者」「自然全体の設計者」があるはずだ、それが最高原因たる神である、と証明しようとするものである。

これに対してカントは、この証明法は現存の自然の秩序や美から、遡って第一原因を極めようとする「宇宙論的証明」を前提としているが、「宇宙論的証明」は前述のごとく誤りであり、したがって「自然神学的証明」は誤りである、とする。

このようにカントは、綺麗さっぱりと、完全無比の形で、論敵がぐーの音もでないほどに、神の存在証明の類のすべてを、粉砕してしまったのである。あまりの見事さに、ハインリッヒ・ハイネはカントを「神の殺害者」と呼んだ。

カントはこのように『純粋理性批判』では神を完全に否定したが、後の『実践理性批判』(*Kritik der praktichen Vernunft,* 1788) では肯定した。正確には、後者において、神の存在に対する「理性信仰」を強く主張し、神の存在を「要請」し、神の問題を扱いうる実践的理性の立場の「優位」を力説した。この立場は道徳神学の立場と言われる。

5. フォイエルバッハとマルクス

ヘーゲル学派の中で、ヘーゲルの宗教的思想体系を批判し、人間論的神学を打ち立てたのはルートヴィッヒ・フォイエルバッハである。『キリスト教の本質』(*Das Wesen des Christentums,* 1841) において、キリスト教を批判した。キリスト教の神が人間を支配しているが、神とはその実人間の愛、善、叡智が神に投影されたものであり、したがって「神学は人間学である」。そしてそのことは「疎外」（Entäußerung）である、と規定する。つまり自分の持ち物を外部に投影し、それによって支配されてしまう状態のことである。

カール・マルクスは「ヘーゲル法哲学批判序説」（1943）において、「宗教は逆境に悩める者の溜息であり……民衆のアヘンである」と書いている。これをどう解するか。A文字通りに受け取る人は、マルクスが宗教批判した、と解する。B宗教を人類の生活体系の一つで、否定できないと解する人たちは、これと似たことを、それ以前にノヴァーリスやハインリッヒ・ハイネが述べていて、マルクスはそれに釣られて言っただけだ、しかもこの場合のアヘンは麻薬ではなく、緩和医療の医薬品である、と解する。しかし、マルクス主義の理論的性格上、前時代のすべてを否定する理論として出現した以上、Aに解するのが妥当のようである。

6. ニーチェによる神の否定

フリードリッヒ・ニーチェは「神は死んだ」（Gott ist tot）と宣言し、以降の哲学界に大きな影響を与えたことで有名である。ニーチェの宗教批判、キリスト教批判はほぼ全著作で見られるものであるが、とりわけ①『ツァラツストラかく語りき』（*Also sprach Zarathustra*, 1883-91）で顕著である。この書において、ニーチェは伝来の「二世界説」を採り上げる。それはプラトンの「イデア界」と「現象界」であり、キリスト教の「神の国」と「地の国」である。ここでの「現象界」や「地の国」での倫理とは、現実の世界で力を持てない弱者が、自己肯定するために作り出したものであり、弱者が強者への「ルサンチマン」(resentiment、怨恨《えんこん》)として道徳を抑圧してきたものであった。

この状況に対して、ニーチェはプラトン主義、キリスト教を非難して、「神は死んだ」と宣言し、神すなわち既存の価値観・規範を否定する。それに代わるのは「意味のない時代」であり、新たな価値創造の要を説く。神は否定し尽くされないから、神と生きる意味を探さねばならず、それは「受動的ニヒリズム」だと言う。「神は死んだ。今や我々は超人が生きることを欲する」。『ツァラツストラかく語りき』と同時期に執筆していて、出版が死後となったものに②『権力への意志』(*Der Wille zur Macht*, 1884-88 執筆 , 1906 出版)がある。ここにおいては、社会において支配的な、既存のキリスト教、道徳、理想、哲学を次々と批判していく。キリスト教については、これによる道徳が人間本来の生を否定している、と批判する。この部分を要約したのが、『偶像の黄昏』となり、さらに抜粋されたものが『アンチ・クライスト』となっていく。

③『アンチ・クライスト』(*Der Antichrist*, 1888 執筆 , 1995 出版)において、ニーチェはおおよそ次のような批判を行った。すなわち、ⅰキリスト教は神、霊魂などの言葉、罪、救い、神の恵み、神の許しなどの空想的物語を作った。ⅱキリスト教徒は神経症患者みたいなものである。

ⅲキリスト教はイエスの教えではない。ⅳ物事をきちんと考える科学的方法を教会は妨害してきた。ⅴキリスト教は呪いであり、頽廃《たいはい》である。

ニーチェによる「神は死んだ」宣言の影響は大きく、竹田青嗣は、以降の哲学者は「絶対存在」「至上存在」のことを言わなくなった、としているし、以降の哲学のテーマが「神」以外のものに変わっていった、とも書いている（『中学生からの哲学「超」入門』）。

７．フロイトによる神の否定

ジークムント・フロイトは精神分析学の創始者として有名であるが、宗教批判の論陣をも張っている。その論を論じたのは『モーゼと一神教』（*Moses and Monotheism*, 1939）であった。この書において、フロイトは次のような主張を行った。すなわち、宗教は幼児の寄る辺なさが生んだ幻想である。宗教に取り付かれた人間が儀礼を反復する背景にあるのは罪悪感である。人間は欲望深く、その自覚も強いので、罪深いという自覚が強くなる。それは罪悪感を強めることになり、それは神の罰を恐れる「期待不安」となる。こういうことから、宗教と強迫神経症には共通性があり、「宗教は人間一般の（普遍的な）強迫神経症である」。したがって、人間は理性の力によって、宗教という神経症を治癒すべきである。

8. ラッセルによる神の否定

4のカント以来、7のフロイトに至るまでドイツ語圏での動きであったが、今度は英語圏での動きであり、ヒューム以来である。この方面でのバートランド・ラッセルの業績は、近代初めから続く宗教的世界観の否定、神の否定の総仕上げ的な動きであった、と言えよう。

ラッセルはこの分野については、インタビュー的なものまで含めれば、計16の論考を残している。初期の頃の論考としては、次がある。すなわち、①「自由人の信仰」（A Freeman's Worship, 1903）、②「宗教の本質」（The Essence of Religion, 1912）、③「宗教と教会」（Religion and the Church, 1915）、④『私の信念』（*What I Beliebe*, 1925）である。

次の⑤「なぜ私はキリスト教徒でないか」（Why I Am Not a Christian?, 1927）は重要である。ここにおいて、中世以来の「神の存在証明」をことごとく引き出して、論破している。ラッセルが用意したのは、①「第一原因の議論」（the first cause argument）、②「自然法則の議論」（the natural law argument）、③「意図からの議論」（the argument from design）、④「神の存在に対する道徳的議論」（the moral arguments for deity）、⑤「不正義を正すための議論」（the argument for the remedying of injustice）の五つである。このうち、①は宇宙論的証明であり、②と③は自然神学的証明である。

「第一原因の議論」について、ラッセルはすべてに原因があるとすれば、神にも原因がなければならないし、神に原因がないとすれば、すべてに原因があるとするのは矛盾であり、ある事象の生成に原因がないとすれば、それは神と言うよりは世界そのものと言うべきである、とした。

すべての論考に共通して存在する、ラッセルが拘った主要な問いの一つは①「神の存在の？」であり、二つには②「霊魂不滅？」ということであり、三つには③「キリストの人格の高潔性？」である。このうち、①「神の存在の？」については、「なぜ私はキリスト教徒でないか」において、五つの存在証明の否定によって、完全否定している。

②「霊魂不滅？」についても同じく、来世の命についての信仰を起こすのは、合理的な議論ではなく、感情である、とする。死後に人格が生存するためには、記憶と習慣の永続性を想定しなければならないが、現代の物質観からはそれを期待することは困難である。心理学と生理学の状態では、逆に死において人格が消滅すると解される。つまり精神生活は肉体生活の終わるときに終わる、と理解するのが合理的だ、としている。

③「キリストの人格の高潔性？」についても同じく、キリストが地獄を信じていたこと、自分の説教に耳を傾けない人々に対して、復讐《ふくしゅう》的な怒りを繰り返しぶちまけていること、などから、知恵の点でも徳の点でも、他の宗教指導者のブッダやソクラテスよりも低く評価せざるをえない、と述べている。

「宗教VS科学」についての論考としては、①「科学と宗教」（Science and Religion）『科学的なものの考え方』（*The Scientific Outlook*, 1931）と②『宗教と科学』（*Religion and Science*, 1935）がある。特に②に限定して、この問題についてのラッセルの主張は次のとおりである。宗教と科学の闘いの結果、科学が勝利を収め、「神学は次第に科学に順応せざるをえなかった。具合の悪い聖書の句は比喩的あるいは象徴的に解釈された」。神学は古い時代のものなので、その多くは文明時代には存続し続けるはずがない誤謬に、神聖な芳香を与えている。それらは組織化された無知にしかすぎないのである。「宗教は外塁を明け渡すことによって、城塁を確保しようとした」。

「不可知論と無神論の差」については、ラッセルは「不可知論者とは何か」（What is an Agnostic?, 1953）を著している。そこでは、計20の問題を設定して、各々に答えを与えている。例えば、不可知論者は無神論者であるのか、に対して、無神論者は神が存在しない、ことを知ることができる、と考えるが、不可知論者は肯定、否定の判断を保留する、と応える。20の問い全体を通じて、ラッセル自身は無神論者か不可知論者かでは、どちらでもある、としている。

宗教が文明や人間に与えた影響についても、三つばかりの論考を発表している。①「宗教は文明に有益な貢献をしたか」（Has Religion Made Useful Contribution to Civilization?, 1930）、②「宗教的信仰は我々の不幸を除いてくれるか」（Will Religious Faith Cure Our Troubles?, 1953）『ヒューマン・ソサエティ』（*Human Society in Ehics and Politics*, 1954）、③「宗教は我々の不幸を癒すことができるか」（Can Religion Cure our Troubles?, 1954）がそれである。

これらの論考におけるラッセルの見解は極めて否定的である。例えば、「宗教は恐怖から生まれた病気であり、人類にとって言うに言われない不幸の源泉である」「宗教において具体化された人間の三つの衝動は恐怖、自惚れ、憎悪である」などなど。

こう見てくると、ラッセルは「宗教的世界観の否定」ということでは、最後の総まとめをするに相応しい人物であり、それに相応しい議論展開であった。事実、ラッセルの後、それに匹敵するような大仕事をなした者は哲学界では出ていない。そのようなことをする必要がなくなったからである。ラッセルの功績によって、「宗教的世界観の否定」は理論として確立したのであった。

9．科学者による否定

二十世紀の末からは、科学者による「宗教ＶＳ科学」の論考が増えてきた。例えば、スティーヴン・グールド（古生物学）は『時代の暗礁』（*Rocks of Ages*, 1999）で、「ＮＯＭＡ原理」（Non-Overlapping Magisteria、重複なき教導権の原理）を唱え、科学の領域を宗教が侵さない限りは宗教を問題としない、とした。ダニエル・デネット（進化生物学、認知科学）は『呪縛を解く』（*Breaking the Spell*, 2006）で、宗教を「呪縛」（spell、麻薬中毒などの陶酔感）とし、多くの自然現象と考えて、それを科学的に探求する、としている。

リチャード・ドーキンス（進化生物学、動物行動学）は『神は妄想である』（*The God Delusion*, 2006）で、神を「妄想」（delusion）とし、「多くの人間が妄想に取り付かれるとき、それは宗教と呼ばれる」（ロバート・パーシグの引用）としている。彼は「神仮説」（神は存在する）と「道徳仮説」（道徳の根拠は宗教、岡本裕一郎用語）を特に攻撃している。それに対して、アリスター・マクグラス（分子生物学、神学）が『ドーキンスの妄想か』（*The Dawkins Delusion?*, 2007）を著して、ドーキンスに反論している。彼の立場は「科学的な神学」（scientific theology）と言われている。

このように論争は活発ではあっても、科学でもって、神が存在するとか、しないとか、を証明できない。なんとなれば、科学は時間と空間の中に存在を有するもの・現象を対象とするのであって、神とは時間と空間の中で捉えることはできないので、これは当然である。こういう議論をするのが哲学である。上記のラッセルの議論も科学の議論ではなく、哲学の議論であって、ここに立ち返るべきである。ともかく科学者においても、「宗教的世界観の否定」（ネオ無神論）が大勢となっていることを示している。

Ⅳ　擬人的宇宙観の否定

第3節「宗教的世界観の否定」は客観主義のうち、精神的客観主義には有効ではあったが、物質的客観主義には有効ではなかった。本節の「擬人的宇宙観の否定」は客観主義の精神的であれ、物質的であれ、その両方に有効である。

1．客観主義は擬人的宇宙観に基づく

客観主義の起源的、思想史的批判を展開したのは「批判的合理主義」（critical rationalism）の功績である。それらを展開したのはバートランド・ラッセル、ハンス・ケルゼン、カール・ポパー、エルンスト・トーピッチュ、ハンス・アルバートなどの人々であった。

これらの論者の基本的考えは以下のようである。すなわち、①「擬人的宇宙観」（personification）は未開人にとってはもっとも自然な思考方法であり、その後長く人類の思考法を支配した。②擬人的宇宙観を打ち破って「合理的思考」（rational thinking）を初めて展開したのは、古代ギリシアの自然哲学では原子論者であり、社会哲学ではソフィストである。③プラトン、アリストテレス（もちろん客観主義者としてのアリストテレス、以降同じ）の哲学思想は

合理的思想を否定し、擬人的宇宙観を復活させるものであった。その思想に影響された中世は擬人的宇宙観に支配されていた。

④ガリレオ・ガリレイを先駆とする近代自然科学の勃興、フランシス・ベーコン、ルネ・デカルトによる方法論革命によって、合理的思考法が再度導入され、擬人的宇宙観は打ち破られるに至った。その哲学的完成はイマヌエル・カントであった。⑤その合理的思考にまたも待ったをかけたのは、プラトン、アリストテレス形而上学に影響され、擬人的宇宙観の再興を図ったG・W・F・ヘーゲルであり、マルクス主義であった。⑥二十世紀に入り、ヘーゲル、マルクス主義の擬人的宇宙観を徹底的に打破すべく、批判的合理主義が登場した。

ここに相対立する二つの思考軸は（A）「原始時代の擬人的宇宙観＝プラトン・アリストテレス＝ヘーゲル・マルクス主義」と（B）「近代の合理的思考法＝近代自然科学＝現代の批判的合理主義」とである。そして擬人的宇宙観と合理的思考法は交互に盛衰を繰り返して来た。しかし全体から言えば、擬人的宇宙観から合理的思考法に移って行った。

原始時代、古代に普遍的な「擬人的宇宙観」とはいかなるものか。市井三郎は次の四点を挙げている（『科学の哲学』現代人の思想⑳）。つまり、①擬人主義、②超人間的作用者の信仰、③特殊な媒介者の信仰、④アニミズムと情動主義である。

碧海純一によれば、次の四点にまとめられる（『合理主義の復権』）。つまり、①自然と人為の原理的区別なし（社会的宇宙観、タブー的社会観）、②知的好奇心が欠けている、③信賞必罰の原理（応報の普遍原理）、④価値に満たされた情緒の世界である。

次にプラトン、アリストテレス、ヘーゲル、マルクス主義に共通な思考法の特徴は次のとおりである。つまり、①社会的宇宙観、②「本質主義」（現象の背後に事物の本質を見極めようとする）、③「歴史主義」（人間の主体的な努力や意志とは無関係な不可避な運命または筋書きがある）、④「倫理的自然主義」（事実価値一元論）である。

ここにこれらの哲学のうち、①の社会的宇宙観と②の本質主義は擬人的宇宙観の自然と人為の原理的区別なしに由来し、③の歴史主義は擬人的宇宙観の信賞必罰の原理に由来し、④の倫理的自然主義は擬人的宇宙観の価値に満たされた情緒の世界に由来する。

本書の観点からこれを理解するに、擬人的宇宙観は客観主義に、合理的思考法は主観主義に置き代えればよい。したがってプラトン、アリストテレス、ヘーゲル、マルクス主義は客観主義であり、カント、分析哲学、批判的合理主義は主観主義である。

2. 碧海純一のファラシー論

フランシス・ベーコンのイドラ論は心理的なファラシー論であったが、それからヒントを得て論理的に体系化したファラシー論に碧海純一のものがある。それによれば、客観主義に共通な、議論展開上の誤謬は次のとおりである（『合理主義の復権』、一部修正）。

①「結論先取のファラシー」＝まず何か特定の命題が真であるものとアプリオリに決め込んで、そのような真理と合致する見解のみを無批判に受け入れ、そうでない見解をまさにそれだけの理由で退けるやり方である。

②「説得力優先のファラシー」＝ある問題についてA説とB説とが対立するとき、その真偽を問う以前に、「A説の方がB説よりも説得力がある。ゆえにA説の方が正しい。」とする論法である。

③「統一のファラシー」＝ある事象または一群の事象を考察する際に、そこにかならずなんらかの統一があることを、アプリオリに決めてかかるやり方である。

④「本質主義のファラシー」＝あらゆるものには本質と現象形態があり、真の認識は現象の背後に潜む本質の認識である、という考え方である。

⑤「目的論的宇宙観のファラシー」＝宇宙全体が――自然も社会も含めて――一つの巨大な価値の体系である、とする考え方である。

⑥「自然主義のファラシー」＝事実命題のみからなる前提から価値命題を帰結として引き出す論法である。

⑦「空虚な公式のファラシー」＝どんな事象が起ころうとも、あますところなく見事にそれを

説明してしまうような理論である。

ここに①から④は認識論についての誤謬であり、⑤から⑦は存在論についての誤謬であり、⑤と⑥は価値論についての誤謬でもある。この構成順序からも明らかのように、認識論からして論者の都合のよいように対象をねじ曲げる、という姿勢がありありと分かるのである。

3.「説得力優先のファラシー」批判

「説得力優先のファラシー」と「統一のファラシー」を、客観主義が巧みに利用している例としては、一元論による体系化がある。客観主義思想が体系的に述べられれば述べられるほど、しかもそれが広大な領域に渡れば渡るほど、その思想体系は多くの共鳴者、追従者、研究家を強力な磁石のように、中心に集中させる。それほど不思議な魅力、神秘的な魔力を発揮する。それは一種の宗教のような集人力となる。

その不思議な魅力、神秘的な魔力は何によるのであろうか。一つは体系化されたものは美であり、体系化されないものよりは上等である、との多くの人の心にある思い込みにある。裏を返せば、普通の人の思考ではそれほどの体系化は難しい。それがゆえ体系化は理想となって、憧れの的となる。またある種の人にとってはそれは思想としてこの上もなく美しいものとなる。

もう一つは幅広い思想は幅狭い思想よりは上等である、との多くの人の心にある思い込みによる。これも上と同様できないことが理想化されたものである。

他の点としては客観主義を語る哲学の言葉そのものにある。しばしばこれら広大な体系、広大な領域を誇る客観主義者の著書は、理解不能な、何が何だか分からぬような語りかけ、言葉遣いとなっている。これがその哲学のいかにも深遠であるかのような雰囲気を醸し出している。哲学の何かが分からぬ一般人にとっては、これこそ深遠な哲学だと思い込みやすい。ヘーゲルしかり、マルクスしかりである。

4.「目的論的宇宙観のファラシー」批判

批判的合理主義からの目的論批判は「目的論的宇宙観のファラシー」批判として捉えられている。第一に起源的に言えば、目的論的宇宙観は、擬人的宇宙観の主要な柱である社会的宇宙観に根ざしたものである。原始・古代においては自然と人為の原理的区分はなく、また社会秩序が全宇宙へ投影され、ついでその宇宙秩序観が人間界へ再投影される。このように二重の投影が行なわれて、社会的宇宙観、宇宙的社会観が形成される。要するに本来人間個人の行動にだけ適用されるべき目的論が、不当にも全宇宙に拡大適用されたわけである。

第二に、「目的論的宇宙観のファラシー」は「歴史主義のファラシー」や「自然主義のファラシー」に密接に関連し合っており、それらのファラシーが誤りである、と同じ理由で誤りである。

5.「本質主義のファラシー」批判

存在論または形而上学の学問としての主張は、認識の対象を現象ではなく、本質とすることによって、成っている。逆に現象の背後に本質があるとする考えは、その本質がどのようなものかを探ろうとして、存在論すなわち形而上学を展開することになる。存在論の主張＝本質主義の主張ということになる。

そこから存在論における形而上学批判は、認識論における本質主義批判となる。存在論の誤謬が「空虚な公式のファラシー」や「統一のファラシー」であるならば、認識論の誤謬が「本質主義のファラシー」である。だから「本質主義のファラシー」はとりたててその理由を説明することもない。形而上学批判の内容がそのまま本質主義批判の内容である。

また、本質の中に、歴史における人間の努力とは無関係な、不可避な運命や筋書きがあるとする歴史主義もこれに該当する。ヘーゲルやマルクス主義がまさにこれである。

6. 客観主義はロマン主義文学

客観主義は哲学というよりも文学である。しかもロマン主義文学である。じじつ客観主義の一大頂点プラトンは戯曲という形で哲学の表現をした。これはアリストテレスが論文という形で哲学の表現をしたのに対比できるもので、哲学史の常識である。ヘーゲルはロマン主義運動の哲学的表現と言える。これはカントが啓蒙主義運動の哲学的表現と言われるのに対比できるもので、これまた哲学史での常識と言えよう。もう一つの一大頂点マルクスはこれといって文学性がないかも知れないが、リアリズム文学の哲学的、社会科学的表現と規定できなくもない。

Ⅴ　自然主義の否定

1．「自然主義のファラシー」批判

客観主義においては、存在論のなかに認識論、価値論が包含されることになる。そこにおいて方法あるいは当為、価値は事実に帰着せしめられる。端的に言えば、事実と価値は区別されることなく混同される。事実が述べられると同時に、ある価値観がさも当然のように述べられる。逆に言えば、事実の叙述そのものが、ある価値観から見た偏った見方であるわけだ。ある価値観から世界を眺め、世界を解釈し、世界はこうだと断定する——これこそ各種宗教の神話とほとんど違わないし、別に言えば信仰告白以外の何物でもない。

事実価値二元論すなわち主観主義の立場からの、事実価値一元論の批判は、大きく言って、三つの流れがあった。一つは若干のカント主義者すなわちマックス・ヴェーバーとハンス・ケルゼンであり、もう一つは直感主義に立つG・E・ムーアーによる「自然主義的ファラシー」の批判であり、最後の一つは価値情緒説に立つ論理実証主義者からの批判であった。

２．ヴェーバーの自然主義批判

マックス・ヴェーバーのこの問題での展開は『社会科学的および社会政策的認識の客観性』(1904)、『社会学的および経済学的諸科学の「没価値性」の意味』(1917-18)においてなされている。この問題におけるヴェーバーの功績は、事実と価値の異質性を指摘した点にある。つまり理論的認識と実践的評価とは基本的に異質であって、同等のレヴェルで論じてはならない。同等のレヴェルで論ずること、たとえば理論的認識に実践的評価を交えることとか、実践的評価するに理論的認識をもってすることは、自然主義的一元論であって、避けねばならない。とくに職業学者においておや。これは「知的廉直」(intellektuelle Rechtsschaffenheit) と呼ばれる。このような理論は「価値からの自由」(Wertfreiheit) の理論と呼ばれ、さまざまな誤解、反論を巻き起こすことになった（これについては第5章第4節「事実と価値の二元論」参照)。

3．ケルゼンの自然主義批判

ハンス・ケルゼンの自然主義批判は『社会と自然』（1943）に明らかである。この問題でのケルゼンの貢献は、自然主義の社会的起源を明らかにしたことにある。それによれば、原始・古代では「擬人的宇宙観」とくに「社会的自然観」（the social interpretaion of nature）が支配的であって、支配服従の関係および倫理的応報律をモデルとする自然解釈が行なわれていた。

さらに詳しく言えば、そこでは社会から自然へ、さらには自然から社会への二重の投影過程があって、自然と社会を同一視する目的論的宇宙観が形成される。その宇宙観においては、事実と価値はミックスされていて、価値は実在そのものに内在していると見なされ、価値は事実から引き出されることになる。自然主義は事実価値未分化の擬人的宇宙観と同じ発想法に立つものであって、いわば幼稚な思想である。

4．ポパーの自然主義批判

カール・ポパーは『開かれた社会とその敵ども』（*The Open Society and Its Enemies*, 1945）の第1巻の中、第5章「自然と規約」（nature and convention）において、自然主義、事実と価値の一元論を批判している。呪術的原始部族社会では、タブーとか習慣は不可避なものと感じられていたが、同上社会の崩壊とともに、人々は、自然法則は例外がないが、規約の方は人為によるもので変更できる、と信じるようになった。

規約に関しては、それを変更できるのは人間であり、それに対して道徳的責任があるのは人間である。こうした決定は自然からは出てこない。決定も心理的事実だという反論が出るかもしれないが、決定には、決定されたということと、決定するという作用としての決定があり、これは事実ではないので、それには当たらない。

ポパーの自然主義批判は他方で「歴史主義」（historicism）批判として現れる。それは『歴史主義の貧困』（*The Poverty of Historicism*, 1957）で全面展開されている。さらに、その自然主義批判は「歴史主義」の道徳批判として現れる。前書においては、第22章「歴史主義の道徳理論」を書いている。ここでカール・マルクスの道徳理論を批判している。

5. トーピッチュの自然主義批判

自然主義へのもっとも強力な批判はアンリ・ポアンカレー、エルンスト・トーピッチュなどによる論理的批判である。論理学においては、「推論において前提のいかなる部分にも含まれない要素は結論にも含まれない」という原則がある。事実命題の前提からは価値命題の結論は導き出しえないわけだ。それから言えば、自然主義はその原則を守らず、論理的誤謬を犯すものである。

それに対して自然主義者は反論する。その原則は規約的なものであって、それ以外の一元論的な原則を採用することも同等の権利をもって許されるはずではないか。しかしそれならばその一元論的な原則を明示すべきである。そしてどのような場合に、事実命題から価値命題への推論が許され、または許されないか、の基準が明らかにされるべきである。一元論に立つ論理原則の設定には誰一人として成功していない。

6. 世界観形成の問題

以上見てきたように、人類古来からの疑問に答えるために、学問としての哲学を追求してゆくと、形而上学の否定、宗教的世界観の否定、擬人的宇宙観の否定、自然主義の否定となった。しからば、世界観形成は諦めねばならないのだろうか。いやそうではない。科学の発展によって、その最新科学の成果から、世界象が形成される。そこから社会像を含めた世界観が形成される。正しい世界観はここからしか出てこない。

第4章　科学の探求

Ⅰ　科学の方法

1．科学基礎付けの意味

第3章では、形而上学、存在論などの学問的性質を検討し、学問としての哲学としては、それを否定せざるをえない結論に達した。これを受けて、残りの認識論、価値論へと進むことになる。まずは認識論である。

認識論としては、第3章第1節において、形而上学、存在論を検討する前提として、「確実に真なるものの探求」を行ってきた。これは実は認識論である。形而上学、存在論の真なるかどうかの検討には、認識論から入らなければならなかった。また、第3章の最後においては、世界観の探求として、個々の科学の探究の結果、得られる科学的真理を積み重ねて、世界観を築いていくしかないことを確認した（第3章第5節6「世界観形成の問題」参照）。そのためには、科学の方法と構造を吟味しなければならない。これは科学自体のことではなく、哲学、その中でも認識論の課題である。ここに認識論の意義がある。

第4章においては、認識の中でも最も確実なる認識法である科学の構造を吟味、確認することになる。本章で展開する、科学の方法、因果律の問題、帰納推理の問題、非科学との区画問題、科学の真理、科学の限界を論じることは、まさに哲学の中の科学論である。これらの問題を科学の本質たる、原因結果の追及で究められないのは、極めて明らかである。

科学哲学の意味を河合栄治郎に聞いてみよう。すなわち、「科学の成立を可能ならしめるものが、人間彼自身であるとし、科学を成立せしめる彼自身は因果必然の決定に支配されざる——すなわち自由なるものとして、ここに自然界とは異なる価値判断の広茫《こうぼう》無限の世界が存することを唱えて、科学に対立する哲学の地位を確立せしめたのが、他ならぬカントその人であった」（『学生に与う』）。

2. 科学者による科学方法論

今まで検討してきた認識論は認識一般についてのものであったが、十九世紀以降、科学が普及するようになると、科学的認識についての考察も行われるようになった。つまり認識論もそれまでの一般的知識獲得を考察検討するのではなく、経験科学の知識獲得に焦点を絞って、考察検討するようになってきた。その中で特に焦点となってきたのは、「経験科学でいかに真理を獲得するか」ということであり、「科学方法論」というものであった。

この科学方法論は二つの方面から進められた。一つは現場の自然科学者による方法論の反省と考察であり、もう一つは哲学者においてのそれであった。まず、自然科学者によるものを概観してみる。自然科学者の中でこれに手を染めた人としては、クロード・ベルナール『実験医学序説』（*Introduction à l'étude de la médecine Expérimentale*, 1865）、アンリ・ポアンカレ『科学と仮説』（*La Science et l'hypothèse*, 1902）など、ヴィルヘルム・オストヴァルト『化学の学校』（*Die Shule der Chemie*, 1903-04）、エルンスト・マッハ『認識と誤謬』（*Erkenntnis und Irrtum*, 1905）などがあった。

ベルナールの方法はおおまか次のとおりである。①事実を確認する（観察）。②この事実に基づいて構想を得る（仮説の構成）。③その構想の上に立って、推理を下し、実験を工夫し、そこに物質的条件を想像し、実現する（推理と検証）。④この実験から仮説の真理たることを得る（理論）。⑤実験の結果、具合が悪ければ、再び観察し直す（新観察）。⑥そしてその事実に基づいて新構想を得る（新仮説の構成）。

ここに、一方に事実観察のライン（第10図で上側）があり、①の観察と③の実験（推理と検証）と⑤新観察が並んでいる。他方、理論のライン（第10図で下側）があり、②仮説の構想と④理論と⑥新仮説の構想が並んでいる。科学者の科学研究は①、②、③、④というように、事実と理論を交互にジグザクに進んで行くのである。それを図示すると、第10図のとおりである。

第10図　ベルナールの4段階

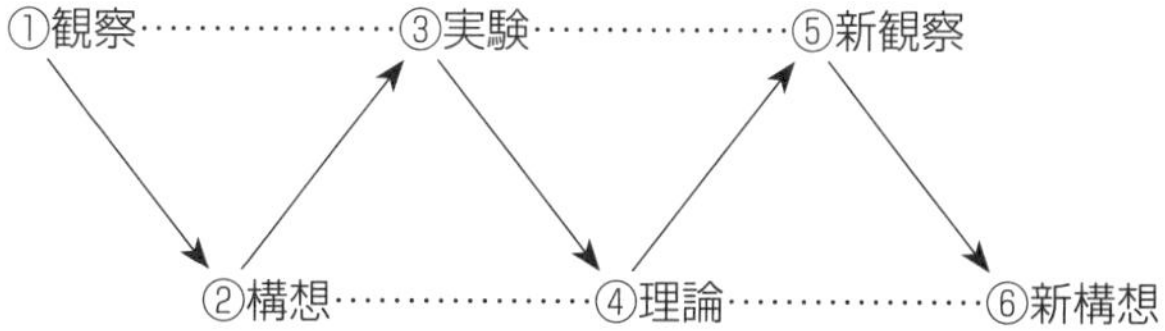

（本多修郎『図説科学概論』から）

3．パースの探求理論

哲学方面で科学方法論の構築に精を出したのはプラグマティズム（実用主義）であった。このプラグマティズムにおいて、科学方法論の構築に功あった人は、チャールズ・サンダース・パースとジョン・デューイであった。そのうち、まずパースの「探求の三段階」（the three stages of inquiry）を確認する。

①「アブダクション」（abduction、仮説設定）では、説明のための仮説を形成する。仮説が成り立つかもしれないことを示唆する。詳細には、ⅰ現象の観察→ⅱ仮説の発見→ⅲ仮説の定立へと進む。これは知覚→思考、事実→知覚→思想という作業である。

②「ディダクション」（deduction、演繹）では、仮説の必然的帰結を導き出す。詳細には、ⅰ仮説の解明（論理的分析）→ⅱ論証（演繹推理）へと進む。これは思考→思想、思想→思考→思想を行っている。

③「インダクション」（induction、帰納）では、仮説の真偽の値を決定する。詳細には、ⅰ分類（clasification）→ⅱ試験

(probation) →iii判定 (sentential part) となる。これは思想→行動、思想→行動→事実を行っている。

以上のような考えはパースの初期の段階からあって、後期において改めてまとめ直したのがこれであり、それは『論文集』第6巻 (*Collected Papers VI*, 1934) の中、「探求の三段階」に示されている。以上のような探求の三段階がパース科学論である、と理解することは、パース研究史においては、むしろ少数派かも知れない。日本では上山春平がその先鞭をつけた (『弁証法の系譜』) のであるが、その後の研究では、これを説く研究者は少ない。「信念の固め方」(The Fixation of Belief, 1877) でもって、パースの科学論とすることや、アブダクションのみに特化して研究することが多い。

以上の三段階の各作業の差は明瞭であるが、こと推論ということでは、①のアブダクションと③のインダクションとでは、互いによく似ている。どちらも現象の観察から理論を得る過程である。この決定的な差は何であるか。岡田雅勝によると、パース本人もその説明には苦労しているらしく、いろいろ説明している。アブダクションは間違いを犯しやすいが、インダクションはそうではない。アブダクションは閃光《せんこう》のように生じるが、インダクションはそうではない。アブダクションは心の創造的飛躍であるが、インダクションはそうではない。アブダクションは気づくときに生じ、心の調和と統一の感覚を伴うが、インダクションはそうではない (『パース』)。

ともかくも、これまで採り上げられることのなかった「アブダクション」を、推論の一形式として初めて採り上げたことや、科学における「仮説発見過程」を「アブダクション」としてクローズアップしたことは、科学思想史上特筆すべきものである。このことはカール・ポパーやノーウッド・ハンソンらによって高く評価されている。

パースの根本思想の中に、「可謬主義」（fallibilism）があることは定説となっている。哲学史上初めてそれを唱えたのはパースであった。有馬道子によれば、パースのプラグマティズムに貫かれているものは、アブダクション、可謬主義、シネキズム（synechism、連続性）、習慣、記号の第三次性による一般性などである（『パースの思想』）。

パースの可謬主義は、鶴見俊輔によれば、常識に対する見方から、科学的探求方法まで、一貫している。鶴見はこれを「マチガイ主義」と訳している。常識に対する見方としては、確実と思われる常識も批判の必要がある、というものである。これはプラグマティズムの原理の一つとされる（『アメリカ哲学』）。

科学的探求の場合、魚津郁夫によれば、パースが可謬主義の根拠としたものは、初期においては、①直感能力が欠けているから、というものであり、後期においては、②不確実性と不確定性から成る連続体の中に浮かんでいるから、というものであった。一貫して訴えていたものとしては、③アブダクションにおける間違いの可能性であり、④誤謬を繰り返しながら探求し続けると、正しい知識に到達する、という信念であった（『プラグマティズムの思想』）。可謬主義はデューイやポパーに確実に受け継がれていくことになる。

4．デューイの探求理論

デューイはパースの「探求の三段階」を発展させて、「探求のパターン」を構築した。デューイはそれを『思考の方法』（*How We Think*, 1910）、『論理学――探求の理論』（*Logic: The Theory of Inquiry*, 1938）で発表した。ここでは、後者に従ってその概要を示すと、次のとおりである。

①まず、「問題の先行条件」（the antecedent conditions of inquiry）つまり「不確定な状況」（the indeterminate situation）がある。ここにおいて、ある状態が問題であって、何とか解決せねばならない、との自覚が生ずる。見通しは立っていないが、何かと思案する。ここから「暗示」（suggestions）が生ずる。「問題の発見」と言ってよい。

②次いで、「問題の設定」（institution of a problem）となる。暗示に従って、事態を調査し、不確定の問題状況を明確な問題状況にしていく。③そして、「問題解決の決定」（the determination of a problem-solution）となる。つまり前段で設定した問題に対する解決策として、それまでの「暗示」に従って、「仮説」（hypothesis）を定立する。ここまではパースにおけ

る「アブタクション」に相当する。

④次に、「推論」（reasoning）となる。つまり、前段で定立した仮説を演繹推理して、ある条件の下での現象を予測する。ここでの演繹は「仮説演繹法」（hypothetico-deductive method）と言われる。これはパースでは「ディダクション」に当たる。

⑤次は、「事実の操作的性格」（the operational character of facts-meanings）で、「仮説のテスト」である。実験を行って、④で予測した現象が現れるか検証する。⑥検証の結果、予測した現象となれば、仮説が正しかった、ということになり、そうでないならば、仮説は正しくなかった、ということになる。仮説が正しくなかった場合は、②に戻って仮説の設定をやり直すことになる。仮説が正しかった場合、その仮説は絶対的真理ではなく、「根拠のある主張」（warranted assertion、保証つきの言明）となる。後に、別のデータなどで覆されるかもしれない、との可謬主義の立場からの暫定的措置なのである。パースの可謬主義を引き継いでいることが分かる。ここまではパースでの「インダクション」に該当する。

なお、デューイは科学方法論や真理観において、「道具主義」（instrumentalism）を唱える。探求はある目的のための手段、道具である、という意味である。その具体的意味するところは、一つには、認識対象が実在しているかどうかを問わない。二つには、真理の基準は一般の学術的な意味でどうかではなく、実生活で役立つかという観点から行う。三つには、科学やビジネスなどでの探求は、その結果として行動を行うためのもの、つまり手段として行う。目的は、結果としての行動によって、何かを作ったり変えたりすることにある。

5．プラグマティズムの探求理論

以上のパースやデューイの「探求理論」は広くプラグマティズムの「探求理論」（the theory of Inquiry）として知られている。最近の解釈として、これらプラグマティズムの探求理論は、単に科学方法論であるばかりでなく、広く「プラグマティズム論」として、小川仁志『アメリカを動かす思想』、藤井聡『プラグマティズムの作法』などを中心に、人生論から軍事論まで、適用可能な、「仮説実験的方法」である、ことが強調されている。この仮説実験的方法は人生論、経営論、行政論、軍事論など、あらゆる領域で、適用実践可能なのである。こういう風にアメリカ国民が広くそれを実践したからこそ、アメリカ全体の発展があった、との解釈を行っている。

6．科学的手法

上記の科学の方法の他に、科学遂行の過程では、「科学的手法」（scientific method）が使われる。これらの手法を使っていないならば、それは科学ではない、とも見なされかねない。それらには次がある。

①実験（experiment）

仮説や既存理論の検証のために、さまざまな条件下で人為的に現象を生み出して、観察を行う。

②「観察」（observation）

対象を観察するには、客観的に扱わなければならない。データの記録に偏見や予断があってはならない。

③「観察言明」（observation statements）

観察言明とは経験したことをある特定の方法で分類することを言う。分類方法は一つではない。観察したものを記述するために選んだ言葉は、観察されたものの性質についての理論を常に含んでいる。それが観察という営みの紛れもない姿なのである。

まったく中立的な観察言明などは存在しない。観察言明は「理論負荷的」なのである。「理論負荷性」（theory-ladenness）とは、ピエール・デュエムに由来し、ノーウッド・R・ハンソンが提唱した概念で、観察事実は理論を前提としており、その影響を免れることはできない、というものである。理論が常に先立つのだ。科学的手法においては偏見のない観察が常に理論に先立つという、単純な見解はまったくの間違いである。我々が見るものは心的状態に大きく影響されているのである。

④数字による認識

データの観察とその観察言明においては、数字によって表現しなければならない。定量的に説明する必要がある。

7．科学的精神

科学研究する者が研究過程で実践すべく、守らねばならない精神とか態度とかがある。代々の科学者が実践し守ってきたことであるし、受け継がれることではあるが、この精神の自覚がなかったならば、そこから逸脱して、場合によっては良くない結果をもたらすかもしれないのである。

それらの各精神を記せば次のとおりである。河合栄治郎から引用する。

①「実証的態度」

「彼は独断や、偏見や、迷信や、想像を許さない。必ずこれを懐疑し、反省し、批判する。そして事実をして確認せしめずんばおかない。これが実証的態度である」。

②「公正」

「彼は事実を蒐集するに当たりては、自分の主観に囚われないで、また自分に都合のよい傾向のものだけを選ばない。これを公正と言う」。

③「忠実」
「いかなる些事《さじ》といえども、いやしくもすることなく忽《ゆるが》せにすることがない。これを精密と言い、またこれを忠実と言う」。
④「正確」
「彼は判断をするに際しては、一つの論理から他の論理へと着実に辿って、論理の飛躍を許さない。これを正確と言う」。
⑤「科学的勇気」
「彼は到達した結論に対しては、たとえそれが自分に不利な評判をきたそうとも、恐るべき結果をもたらそうとも、怯《ひる》まず、臆《おく》せず、大胆にこれに直面する。これを科学的勇気と言う」（『学生に与う』）。

Ⅱ　因果律の問題

1．ヒュームの因果法則の否定

ディヴィッド・ヒュームの哲学で最も強烈な印象を与えるのは因果律批判であろう。ヒュームのこの因果律批判がカントをして独断のまどろみから覚めさしたのである。そういう意味からも、ヒュームの因果律理論（『人間本性論』）とカントの因果律理論（『純粋理性批判』）は対比して語られるべきである。

ヒュームの因果律論は次のようなものである。すなわち、原因と結果という「印象」(impression) はそれについての「観念」(ideas) を生ぜせしめる。原因の印象が起こり、続いて結果の印象が継起すると、「記憶」(memory) で「連合」(association) が働き、「想像」(imagination) も加わって、「観念」においては因果関係があるかのような想定が行われる。

そのような想定が行われる条件がある。①空間的、時間的にAという事象とBという事象は「接近」(contiguity) していること。②AとBの間には、時間的先後関係にあること。Aに続いてBが「継起」(succession) すること。別言すれば、時間的にBの前に、Aの「先在」「時間的先行性」(priority) があること。③Aの次にBが起きるということが常時起こって、「恒常的連結」(constant conjunction) が起こること。ここに①、②、③が合わさって、原因・結果の「必然的結合」(necessary connexion) がなされる。

これはどういうことかと言えば、同様な「印象」の繰り返しが行われると、「習慣」(habit or custom) によって、因果関係があるかのように、「観念」が形成される。これが「因果法則の習慣説」である。ヒュームは「習慣は人間生活の偉大なガイドである」と言っている。またこれは「因果法則の信念 (belief) 説」でもある。ヒュームは言う。「因果律は信念に過ぎない」。

因果法則が習慣であり、信念であるということは、原因、結果、因果律が外界にあるのでなく、人間の観念の中にある、ということなのである。この説は客観的な因果律の否定である。また、因果関係に「確実性」(certainty) はなく、「蓋然性」(probability) があるのみとなり、これは「不可知論」(agnosticism) へと導くものでもある。

2. カントの因果律

イマヌエル・カントの認識論では、ある時点のある場所での、出来事二つが継続して起こると、人間に備わる「感性」(Sinnlichkeit) と「悟性」(Verstand) によって、これら出来事が認知される。さらに悟性の中の「カテゴリー」(Kategorie) によって、「因果律」(Kausalität) によるものと判断される。つまり、前の出来事は原因であり、後の出来事は結果である、との認識ができる。

カントにおいては、このように認識される因果律は、時間と空間という感性で捉えられる（現象認識できる）範囲内での出来事に限られる。このことは重要である。第3章第3節「宗教的世界観の否定」で問題になる、「神の存在証明」の証明否定の根拠となるのである。

ヒュームの因果律論とカントの因果律論と比較すれば、次のとおりである。①ヒュームの考えでは、因果関係は外界に内在するのではない。これについてはカントも同様である。②ヒュームでは、因果関係は心の中に成立する。対してカントでは、アプリオリ原理の定立による。③ヒュームでは、因果関係の確実性なく、蓋然性あるのみ。それに対してカントでは、確実性、必然性はともにある。④ヒュームでは、因果関係は知り得ない。対するカントでは、因果関係は知りうる。

3.「ラプラスの悪魔」

「カント、ラプラスの星雲説」で有名な天体物理学者ピエール・ラプラスは『確率の哲学的試論』(*Essai philosophique sur les probabilites,* 1814)を出版し、因果律についての徹底的貫徹の主張を行った。

ラプラスは次のように述べる。「もしある瞬間における、宇宙のすべての物質の状態を、正確に把握する知識があるとしよう。さらに、それらを計算する知恵が存在するとしよう。このとき、その知識と知恵を持つ者にとって、不確実なことは何もなくなり、未来も過去も見通すことができるだろう」。

ここで「その知識と知恵を持つ者」は当初、世間的にはそれは神に擬せられたが、最終的に「ラプラスの悪魔」(Laplace's demon)と呼ばれるようになった。現在ではさしあたりスーパーコンピューターか(野家啓一『科学哲学への招待』)。

この「悪魔」はすべてを知るがゆえに、世間的に確率的な出来事と見なされる事項、例えばコイン投げなど、も「対称性の原理」（principle of symmetry）などにより、予見することができる。この考えからいくと、現在までの出来事がそれまでの出来事によって決定されると同様に、現在の出来事に基づいて未来の出来事も決定される、ということになる。すべての出来事が因果的に決定されている、とする。この立場は「因果的決定論」と呼ばれる。これに基づく宇宙観は「機械論的宇宙観」と呼ばれる。

この立場は問題を引き起こした。物理学においては、十九世紀には問題なかったが、二十世紀になり、量子力学の「不確定性原理」が出るに及んで、量子力学での因果律は完全否定され、広く物理学全般においても否定されるに至った。

もう一つの問題は、人間行動の必然と自由という問題であった。ラプラスの理論では、すべての出来事には人間の行動も含まれている。つまり、人間に自由はなく、すべては必然的に決定された行動である、ということになり、自由を重んじる哲学者に衝撃を与えた。が、物理学におけると同様、否定される傾向にある。詳しくは第5章第1節「意志の自由」で検討することになる。

4．量子力学からの哲学への影響

二十世紀になってからの自然科学の発展は目覚ましく、今までは考えらない事態が起こっている。量子力学の「不確定性原理」（uncertainty principle）「相補性原理」（complementarity principle）において、それは顕著である。

第一に、素粒子の位置と運動量は同時に決定できない。位置を定めるとすれば、運動量は定まらず、逆に運動量を定めれば、位置は定まらない。ある時間のある物体の位置と運動量を定めれば、次の時間のその物体の位置と運動量が定まる、というのが今までの因果関係であったが、それが成り立たない。つまり「必然的因果関係」が成り立たず、「確率的因果関係」を想定するしかない。現代物理学は因果論を捨てた、とも言われている。

こういうことから、このような素粒子の世界では、「予測を拒絶するミクロの世界」「結果論でしか世界は語れない」とか言われ、このことを宣言した「不確定性原理」自体も「知性の敗北宣言」とされたのであった。素粒子などは「どこそこに存在する」と断言できるようなものではなく、「何％の確率でそこにあるはずだ」としか言えない（いずれも引用は桜井邦朋『宇宙には意志がある』）。

第二に、素粒子の位置や運動量を測定するには、電子顕微鏡によって光を当てなければならず、それによって素粒子の位置や運動量は乱される。観測という人的介入によって、対象の状況が変動するのである。世界の現象は観測者たる人間とは関係なく存在変動する、と思われていたものが、観測者と対象との関係によって、存在変動することが分かったのである。

こうした量子力学の状況を踏まえ、科学における観察と観察される事実を考えるならば、一般的に関与や役割が少ないと考えられていた、人間・主観の、科学における関与や役割、が意外と大きいことが分かるのである。つまりは、科学における観察とは、人間・主観と外界との相互干渉の結果なのである。そして、「客観的」事実とは、人間・「主観」による観察の結果得られるものである。

そのように考えてよい根拠は次のとおりである。第一に、人間の見聞きする能力には限界があり、その範囲内でしか見聞きできない。第二に、観察は対象に対してある種の働きかけをすることであり、それによって対象を変化させることになる。例えば、電子顕微鏡による観察の場合。第三に、人間がある物を見るとしても、本人の意識のあるなしにかかわらず、何等かの観点から見ているのである。例えば、酩酊している場合とか、気が動転しているとかの場合。第四に、見聞きしたものを報告し他人に伝える場合には、観察者の言語、文化的背景（物の見方の枠組み）によって、規定されているのであり、報告を見聞きする者のそれらが違えば、観察者の思惑どおりには伝わらない。それを避ける一つの方法は、観察者が知覚する、ありのままの言葉で表示する（センス・データ）ことだが、その言葉自体もある主観者の言葉たることは免れ得ない。

Ⅲ　帰納推理の問題

1．帰納推理の理論化

第3章第1節「確実に真なるものの探求」の中にある、「事実の真理」「総合判断」「経験的命題」は経験科学における判断、命題のことであった。これらの判断、命題が、科学の作業、過程の中から、いかに正しく導出できるか、その推理が問題となる。

科学において使用される推理は、第1節「科学の方法」3「パースの探求理論」で確認したごとく、①「アブダクション」、②「ディダクション」、③「インダクション」の三つである。「帰納推理」（inductive iference）は多くの経験事例から一つの抽象原理を帰結することである。その場合に、抽象原理が確実にそうだと言えなく、そういう傾向があると示すに留まる場合は、「蓋然的推理」（probable inference）ということになる。ここでは合わせて「帰納法」と言う。

この帰納法を理論化した人物としては、古代ではアリストテレス、中世ではウィリアム・オッカムが挙げられる。近代においては、フランシス・ベーコンが『ノウム・オルガヌム』（*Novum orgamum*, 1620）において言及している。ベーコンは細々とした、長々とした議論をしているが、個々の事実から一つの原理を引き出そうとする方向ではありながら、論理学的知識がなく、帰納推理を定式化した、とは言えない（山下正男『論理学史』）。ただ、後のJ・S・ミルが唱えた五つの方式のうち、「一致法」「差異法」「共変法」に相当するものを手がけていた、と解する向きもある（久保陽一「経験論」『哲学思想の歴史』）。

2．ヒュームの習慣説

この帰納推理に関しては、近代初期から疑問が提出されてきた。ヒュームは『人間本性論』（*A Treaties of Human Nature*, 1739）において、帰納は正当でなく、正当化もできない、とした。つまり、帰納法の根拠づけは不可能である、と宣言したのである。「何かが起きそうだという議論は、すべて、未来と過去の間に、このような一致が存在する、という仮定に基づいており、それゆえそれを証明することはできない」。

論理的には、「かつて経験したことのある事例が反復したといって、いまだ経験したことのない同様な事例をもまた同様であろうと推論できるのか」と問い、できない、としたのである。ただ心理的には、そのような場合、世間の人が同様な事例が続くだろうと期待するのは、単なる「習慣」（habit or custom）からである、とした。

3．J・S・ミルの自然斉一説

経験論の系譜にあるJ・S・ミルは『論理学体系』（*System of Logic*, 1843）において、「帰納推理」の原則の体系化を図り、五つの方法を導入した。それは「一致法」（the method of agreement）「差異法」（the method of difference）「一致差異併用法」（the joint method of agreement and difference）「剰余法」（the method of residues）「共変法」（the method of concomitant variation）であった。この試みは実証科学の論理、帰納法論理学の集大成と言うべきもので、社会科学を自然科学の水準まで高めることを意図した方法論でもあった。

そして帰納法の特徴として、完全に事例を枚挙していない限り、「帰納推理」して普遍的法則を定立することはできない、と言明した。１００回枚挙しても、１０１回目に不適なデータが出る可能性がある、そのことを認めたのである。であるから、普遍的法則と認めることは飛躍であり、論理的には誤謬推理である、とした。

それにも関わらず、ミルは楽天的にも帰納推理の有効性を認めた。それは「自然の斉一性」（the uniformity of nature）があるからであり、普遍的法則と見なしてよい、との考えからであった。この構造を読み解くと、自然斉一性→複数の個別事実→（飛躍）→一般的命題＝継起の一様性となり、論理に飛躍があるし、帰納の正統性を帰納に求めるということになり、真の問題解決というものではなかった。

４．ポパーの反証可能性説

カール・ポパーは『科学的発見の論理』（*Logik der Forschung*, 1935）において、この問題を、「単称命題」（singular proposition）と「全称命題」（unversal proposition）の関係として捉え直した。つまり、個々の観察命題は単称命題であり、法則は全称命題である。

ここで、Ａ個別観察の肯定命題（単称肯定命題）は「あるＳはＰである」となり、Ｂ普遍的法則の肯定命題（全称肯定命題）は「すべてのＳはＰである」となる。ここで、その事象を否定する観察命題を対置する。Ｃ個別観察の否定命題（単称否定命題）は「あるＳはＰでない」。ここにおいて、Ｃが一つでも現れれば、Ｂは成立しない、という関係にある

例えば、ｉ「あるカラスは黒い」（Ａ１、単称命題）、「隣のカラスも黒い」（Ａ２、同）、「その隣のカラスも黒い」（Ａ３、同）……↓「すべてのカラスは黒い」（Ａ、全称命題）とは言えない。ⅱ「黒くないカラスがいる」（単称命題）が一つでも現れれば、↓「すべてのカラスは黒い」（全称命題）は誤りとなる。ⅲ「黒くないカラスがいる」が現れない限り、「すべてのカラスは黒い」は暫定的に正しい。

つまりＢの法則性はＣによって「反証」（disprove）されるのである。このように「科学的法則は将来の反証があるまでは暫定的に法則ではあるが、反証が現れた段階でそれが覆る」という性質の法則である。

5. ライヘンバッハの百分率表現説

ハンス・ライヘンバッハは『科学哲学の形成』（*The Rise of Scientific Philosophy*, 1951）において、帰納推理による法則を正確に現すために、次のような提案をした。つまり、「もし～～ならば、常に……である」の代わりに、「もし～～ならば、ある百分率において……である」と表現すべきである。

こうした提案をした理由をライヘンバッハは、人間は有限の存在者であり、物事の結果を完全に予測できないからである、と言っている。帰納推理の問題に直接答えたものではないが、ライヘンバッハの科学観をよく現している。つまり、科学法則は「必然的なもの」ではなく、「蓋然的、確率的、統計的なもの」なのである。このことは上述の量子力学での素粒子の行動を表現するのにピッタリの言葉なのである。

Ⅳ 非科学との区画問題

1. 検証可能性

「科学」（science）と「非科学」（pseudo-science、疑似科学）との間の線引き、境界設定、区画設定（denarcation）という問題がある。つまり何が科学で、何が科学でないのか、それを明

第１１図　論理実証主義による三つの命題

	無意義な命題	有意味な命題	無意味な命題
定　義	内容が空虚で意味をもたないが、常に真であるもの（トートロジー）	原子的命題に還元分析して、事実と照らし合わせることにより、その真偽を判定できるもの	検証可能な原子的命題に還元できないもので、無意味な命題として科学から排除すべきもの
具体的命題	数学・論理学の命題	経験科学の命題	形而上学の命題
備　考	カントの分析判断	カントの総合判断	

（本多修郎『図説科学概論』『図説現代哲学入門』を元に作成）

確にしなければならない。そうでないと、これが科学と思っていたものが、案外科学ではなかった、ということにもなりかねない。

この問題に最初に手を出したのは、分析哲学のうちの「論理実証主義」である。論理実証主義はバートランド・ラッセルやルートヴィッヒ・ヴィトゲンシュタインの影響のもと、第３章第１節「確実に真なるものの探求」、第３章第２節「形而上学の否定」で見たとおり、命題が真か偽かよりも、有意味か無意味かが大事として、「検証可能性」（verifiability）基準を打ち出した。ここに、有意味な命題とは、事実と照らし合わせることで、「真偽決定」できる命題であり、「検証」（verification）できる命題であり、つまりは経験科学の命題のことである。これに対して、無意味な命題とは、事実と照らし合わせることで、真偽決定できない命題であり、検証できない命題であり、つまりは形而上学的命題などである。この他には数学、論理学の命題がある。つまり検証できる命題だけが科学のものであり、検証できない命題は科学のものではない。

しかし、これには問題があった。第3節「帰納推理の問題」で確認したごとく、経験科学の「全称命題」の検証は困難であった。カール・ポパーはだから「実証主義者たちは形而上学を絶滅させようとして、形而上学と一緒に自然科学をも絶滅させてしまう」と批判した。「論理実証主義」はそのことを受け入れて、やがて「漸進的確証」（確証可能性）基準へ変貌していった。

2. 反証可能性

カール・ポパーは、「反証可能性」（falsifiability）基準をもって、当初から論理実証主義に反対してきた。第3節「帰納推理の問題」の中4「ポパーの反証可能性説」で確認したごとく、「科学的法則は将来の反証があるまでは暫定的に法則ではあるが、反証が現れた段階でそれが覆る」という性質の法則である。逆に言えば、そうなっていない法則というのは科学の法則ではないことになる。

反証可能性の原理をまとめると次のようになる。①経験科学の原理は、その原理を反証する事実が発見されない限りで正しく、科学として意味を有する。科学的法則は新たな経験的事実の発覚によって、将来「反証」され、反駁され、覆される可能性がある。これは法則の暫定性、可謬主義の表現であることが分かる。これが科学というものである。

②反証可能性があるということは、情報内容、経験内容が豊富であることを意味する。間違っていることを証明する方法がある場合、その命題は科学的な命題なのだ。そして、反証可能性の高い命題は、情報として高い価値を持っている、ことになる。③「反証可能性」がない原理は科学の原理とは言えない。その科学は科学とは言えず、非科学、疑似科学である。

ポパーが非科学、疑似科学として名指ししたのには、例えば、精神分析学、マルクス主義の弁証法などがある。それ以外にも一杯存在する。それらに共通するのは、その理論がいかなる事実によっても反証できない構造になっているし、反証データを突きつけられると、それを無視したり、歪めたり、拒否したり、別の方から言い逃れしたり、それができるようになっている。

注意点としては、学問の形態ばかりではなく、問題設定の肯定形か否定形かによっても、反証可能性は異なってくる。存在肯定の主張では、反証不可能である。例えば、宇宙の果てはどうなっているか、人間以外の生物が宇宙に存在するか、などでは、蓋然的な答えは出せても、決定的な形で断言できない、だから反証不可能なのである。それに対して、存在否定の主張では、反証は可能である。一つでも存在するものを見つければ、存在否定の主張は崩れるからである。

反証可能性原理の意味するものとしては、次が指摘できる。①帰納推理の不完全性の問題への解答である。これについては、本章第３節で考察済みである。②科学と非科学、疑似科学との区

第１２図　検証可能性と反証可能性

	反証可能	反証不可能
検証可能	①個々の観察命題 （単称の存在命題）	③普遍的な存在命題
検証不可能	②一般の法則命題 （全称の存在命題）	④形而上学の文章

（シュルテ『哲学へのまなざし』を元に作成）

画問題への解答である。これは本章本節で考察中である。③学問論への解答であって、後にエルンスト・トーピッチュの「空虚公式」を産むこととなる。これについては終章で考察する。

3．検証可能性と反証可能性

検証可能性と反証可能性を総合して考えれば、第12図のとおりである（シュテークミュラーの考え）。①検証可能であり、かつ反証可能の場合とは、個々の実験での観察命題が該当する。例えば「シベリアにはスワンが存在する」。②検証不可能だが、反証可能である場合とは、法則定立命題が該当する。例えば、「スワンはすべて白色である」。③検証可能だが、反証不可能の場合とは、普遍的な存在命題が該当する。例えば、「黒いスワンが存在する」。④検証不可能であり、かつ反証不可能の場合とは、形而上学の文章である。例えば、「スワンは神から人類に遣わされた鳥である」。

以上のように、二十世紀においては、経験科学の発展と科学哲学の議論の深化によって、認識論最大の古典的問題、つまり認識された存在は実在か観念かの問題に、大いに影響を与えることになった。一般人が当然とする実在論の立場が極めて怪しくなり、批判的合理主義の立場が極めて有力になってきたのである。

V　科学の真理

1．真理論の一般的見解

学問の真のうち、哲学の真については、終章「哲学の学問性」で扱うこととし、科学の真については本章本節で扱う。科学における真、真理とは何か。その前に科学の性格を確認しなければならない。科学の対象は、第1章第3節「哲学と科学の比較」で確認したごとく、「科学とは現象または事実を対象とし、現象・事実と現象・事実との因果関係・メカニズムを研究する。その中から法則を抽出する」と規定していた。

同様に、科学の方法は「現象と事実の観察から仮説を定立し、それが正しいかどうかを、価値基準、意味基準ではなく、現象と事実の世界での実験や観察によって、確証する」。同様に、科学の解答は「「何々の法則」「何々の原理」としてまとめられ、他の研究者が同じ条件で実験すれば、同じ結果が出て、それらの法則、原理の正しさが確証される」。

科学での真理はどのようなものか。一般に言われているのは、次の四説である。すなわち、①

第１３図　代表的真理論の立場

	定義、説明	適用分野	論　者	理論的難点
①対応説	客観・存在と理論とが一致するのが真理である。	経験科学	アリストテレス、経験論、マルクス主義	独断的である。形式科学は無理である。
②明証説	認識主観にとって明晰判明に明証的に現れるものが真理である。		デカルトフッサール	主観的である。経験科学は無理である。
③整合説	理論内で整合性があれば真理である。	形式科学	理性論、（ヘーゲル）	経験科学は無理である。
④実用説（相対主義）	仮説をテストすることによって実用に耐えうるならば真理である。	経験科学実務全般	プラグマティズムパラダイム論	暫定的である。形式科学は無理である。

対応説（correspondence theory）、②明証説（self-evidence theory）、③整合説（coherence theory）、④実用説（pragmatic theory）である。それらの立場をまとめれば、第13図のようになる。

２．真理論の検討

科学にも二種類がある。形式科学（数学、論理学）と経験科学である。まずは形式科学について。

形式科学は「公理」（axiom）を立てて、そこから「定理」（theorem）、「系」（corollary）へと展開していく。その各々の段階でそれが正しいと言えるのは、それまでの推理が演繹推理で、正しく推理されている場合である。これに適合する真理説は、理論内で整合性があれば真理である、とする整合説である。

次に経験科学においてはどうか。対応説が最大の候補説であることは間違いがない。対応説とは経験科学のための説であるからして当然である。経験科学は科学的実在論を前提として、外界と理論との対応が正しいか、実験、観察によって検証するのであるから、この限りで対応説は正しい。

しかし、我々が眼にすることができないくらいに、微少な物を対象とする場合、量子力学の場合、我々が直に見ることのできない、宇宙の果てのことなどの場合、それらの理論の真偽は対象との一致という基準で言うことはできない。つまり、ここでは対応説は妥当しない。

経験科学においても、命題の積み重ね、あるいはその集合としての理論もある。そのような場合、理論全体との関連において、当の理論の正しさが決まることがある。このような場合には、おおむね整合説が正しい。

科学の真理として、どの学説が正しいか、簡単に見たところで、対応説、整合説ともに、いずれも一長一短があり、一つの説で統一説明できないことが分かる。真理の説としては、上記に挙げた以外にも、「相対主義」（プロタゴラス）、「合意説」（チャールズ・S・パース、ユルゲン・ハーバーマス）、「存在の開示説」（マルチン・ハイデガー）、「真理権力説」（ミカエル・フーコー）、「真理のデフレ理論」（ゴットリープ・フレーゲ、フランク・ラムゼイ）、「真理の意味論」（アルフレッド・タルスキー、カール・ポパー）などがあるが、いずれもこのような欠点を免れない。

科学の真理論としては、統一的に説明できる、絶対的なものがないからと言って、科学理論そのものの価値を損なうものではない。科学の理論の発展に対して、科学の真理論の方が追いついていない、と見なすべきであろう。

3．科学的実在論回りの問題

第2章第2節「外界と認識との問題」で、外界の存在と認識について、大体の立場を概観した。それは認識論としては、それでよいが、認識を狭く科学的認識とすると、その立場はどうなるであろうか。それに絡めて、科学における真理とは何か、の考察が変わることになるのであろうか。

科学者の比較的多数は科学的実在論を採るらしい。そして真理論として対応説を採るらしい。門脇俊介に従って述べると、次のようになる。科学的実在論には二つのタイプがある。第一のタイプの科学的実在論は、新しい素粒子Nが発見された場合、Nがたとえ直接的には観察不可能だとしても、実在する、とする。観察不可能な実在を導入しなければ、科学的な説明が不完全なものになってしまう、という論拠をとる。それに対して、反科学的実在論者はNのような存在者が本当に実在しなくても、科学的な理論は十分にやっていける、とする。

第二のタイプの科学的実在論は、科学の理論が世界や実在についての、単なる正当化を超えた真なる記述をなすものだ、と主張する。それに対して反実在論者は、科学の理論の正しさが客観的に固定している真理の表明ではなく、主体の経験の内部に留まる正当化にすぎない、という立場を採る（『現代哲学』）。

ここからは解釈であるが、第一のタイプの科学実在論では、Nの実在を説くことは、いわば信念に基づくようなものである。Nが実在することは確認できないのである。ここにおいて科学的実在論も反科学的実在論の両論とも、Nの確証、想定のありなしにかかわらず、理論が成り立ち、現象を説明できる、としている。つまりここでは明証説または整合説に則っているのである。科学的実在論にあっても、対応説は名目であって、実は放棄されている。

第二のタイプの場合、第一のタイプの理論での不利さを悟り、実在論の大元に戻り、大原則で反実在論と対峙しようとしているのであろう。つまり実在は認識主観の経験と関係なく存在するはずだ、と主張する。それに対して、反実在論は真理を主張するのに、実在を前提とせず、認識主体における判断過程の正しさに訴える、ということであろうか。ここにおいては、明証説または整合説あるいは実用説ということになろう。

このように認識論として科学的実在論を採った場合、真理論として対応説を採ることはまずは不可能ということになる。このことを含め、第２節から第４節までの考察からいくと、物質的客観主義の認識論（帰納法、対応説など）は成り立ちえないことは明らかである。

Ⅵ　科学の限界

1. 科学主義の問題

以上で科学的認識についての哲学的分析、検討を行ってきた。科学的認識は以上の問題を孕みながらも、科学その延長線上にある技術そのものは、近代の科学革命以来、幾多の発見、発明を繰り返し、順調に発展を遂げ、科学以外の知識はなきも等しいという状態になった。

こういう背景で登場するのが「科学主義」(scientism)である。今流で言うならば、「科学原理主義」である。あるいは「科学第一主義」と言ってもよい。あるいは「科学至上主義」とでも言おうか。もっと言えば「科学教」と言えるかもしれない。科学という言葉を用いずこれらと同じ考えを示すものには、「実証主義」や「マルクス主義」がある。

科学主義とは、科学こそがこの世で最高の知識であり、これに代わるものはなく、科学によって解決できないものはなく、科学によって解決できないものがあれば、それは他の何ものによっても解決できない、とするものである。

この考えが最初に現れたのは「実証主義」(positivism)であった。アウグスト・コントの『実証哲学講義』(*Cours de philosophie positive*, 1830-42)で明らかにされた。そこで示されたのが

「三段階の法則」(law of the three stages) である。それによれば、人類は①「神学的段階」(theological)、②「形而上学的段階」(metaphysical)、③「実証的・科学的段階」(positive or scientific) の三段階で発展してきた。③の段階で人類は最高の段階に達し、ここでの実証的・科学的に得られた知識のみが人類が活用すべきものであって、それまでの①神学、②形而上学・哲学は捨てられるべきである、と宣告される。

続いては自然科学の分野で成功した科学者が哲学に進出し、科学こそ最高の知識である、との立場で哲学展開する。リカルド・アヴェナリウスの「経験批判論」(Empiriokritizismus)、エルンスト・マッハの「現象主義」(Phänomenalismus)、グスターフ・T・フェヒナー、エルンスト・ヘッケル、ヴィルヘルム・オストワルド、グスタフ・キルヒホフ、ハインリッヒ・ヘルツ、ルートヴィッヒ・ボルツマンなどである。ここにおいても科学主義が現れる。

実証主義的傾向を示す哲学としては、他に進化論哲学、唯物論哲学、プラグマティズム、分析哲学などがある。唯物論哲学のうちのマルクス主義もそうである。マルクス主義においては、学問とは科学であり、それは哲学をも含む。科学の初期の段階が哲学である。ここでは、哲学自体が科学の一部である、ということになる。そして宗教を否定し、科学のみが人類を救う、という姿勢である。

我々の立場では、哲学と科学とでは、対象や方法や解答が異なり、二つは別々の学問であり、科学がいくら発展しても、哲学の価値が薄れることはないが、この科学主義においては、哲学は科学の前段階にあり、科学が哲学のことも含めて解決する、とする。このことが科学主義の弊害を生み出すことになる。

まず、科学主義には、哲学と科学は異なるのに、科学で哲学のことを解決できる、とする誤解がある。ここには哲学と科学とでは、大きな差がありながら、科学の原理で哲学問題も解決できると思い込む、思慮の浅さ、浅はかさ、傲慢さ、硬直性がある。

哲学と科学とでは、第1章で確認したごとく、対象、方法、解答で大きな差があるが、中でも問題なのは方法の差である。哲学が価値基準、意味基準から個々の問題を吟味・思考していくのに対して、科学は現象と事実での因果関係を追求する。そのために実験や観察によって確証する。こういう因果関係を追求する方法を哲学に適用しても、妥当な哲学理論が構成されるわけではない。

この方法に関連して、事実判断から価値判断を引き出すことができるか、という問題があり、これについては、本書では第5章第4節「事実と価値の二元論」で取り扱うが、本節では実証主義に関連する限りで、これに言及することにする。つまり、哲学では価値判断できるが、科学は価値判断できないのである。それにもかかわらず科学主義者は知らず知らずか、意識してか、価値判断をその理論の中に導入している。例えば、コントについてエドワード・ケヤードが、ジョン・スチュアート・ミルについてはチャールズ・ダグラスが、指摘したところである。マルクス主義においては、事実判断の説明の中に価値判断の説明をしている、ことはつとに知られるところである。

科学主義の矛盾は、科学主義が最高の原理である、ことを主張することに現れている。科学があって、哲学は不要である、という主張自体が、科学の内容でもなければ、科学としてその正しさを証明できない。科学は哲学を含む、哲学は科学の前段階である、ということに関しても、同様である。科学主義の主張は矛盾しているのである。その理論は破綻しているのである。

科学主義の主張は、科学の限界を知らずして、科学ではどうしようもない哲学の分野に、科学の方法でもって乗り込んで、解決しようとする、不当侵入者なのである。このことを日本で初めて、警告したのは昭和戦前の思想家・河合栄治郎である。

２．科学自体の限界

１の「科学主義の問題」は、科学のおごった態度を批判したものであったが、科学の謙虚な態度においても、科学が持つ、科学の性格上の問題がある。

これについては、科学評論家がいろいろ論評している。例えば、柴谷篤弘『あなたにとって科学とは何か』では、第２章「人間の思考はどこまで自由か」、第３章「科学的認識をしばるもの」、第6章「ゆがんだ科学」が、池内了『科学の限界』では、第4章「科学に内在する科学の限界」が、これらとはニュアンスが異なるものの、金森修『科学の危機』では、第1章「科学の自覚」が、そういった問題を扱っている。

池内了によれば、本章第2節「因果律の問題」（不確定性原理）や第4節「科学と非科学との区画問題」そのものも科学の限界を提示するものである。池内了がその他で提示するものとしては、「ブラックホール限界」「不確定性関係とブラックホール境界から来る制限」「不完全性定理」「一回切りの事象」「非線形関係」「複雑系の不確定度」「複雑系の新しい様相」など15項目に及ぶ。

3．科学の哲学に対する限界

最後に科学の限界をまとめてみよう。科学は現象間の因果関係を追求するので、それについてはそれ以上の成果を出すものではない。しかし、それのみに留まる。何が価値あるのか、何をしなければならないのか、科学の成果をどう生活に活かさなければならないのか、などの問題は科学からは出てこない。それを解決するのは哲学である。哲学において、それらがスッキリと出てくるものではないが、それを本来の形で検討できるのは哲学においてである。

科学と哲学の関係で言えば、科学は三つの局面で哲学に依存する。河合栄治郎『学生に与う』

に沿って記せば、次のとおりである。すなわち、①科学は前提において哲学に依拠する。科学哲学が問題とする内容のことを、科学は当然のこととして、暗黙の前提として、科学の研究に没頭している。前提としている内容とは、本章で取り扱っている因果律、帰納推理、非科学、疑似科学との差、外界認識と真理などの問題である。これらの問題は哲学の内容である。

②科学はその過程においても哲学に依存する。科学の方法は、学生時代に指導教官から教えてもらうか、日々の作業の中の反省などから、習慣的に身につけて、それ以上はそれについて深く考えないが、本章第1節「科学の方法」で見たごとく、科学哲学は科学の方法を検討し、吟味している。科学哲学がそれを担って、個々の科学者はそれを省みなくてもよいのである。また、科学の遂行のためには、「科学的精神」（実証、公平、精密、正確、科学的勇気など）を発揮しなくてはならないが、これらの精神が正しいというのも哲学の検討による。

③科学は終局においても哲学に依存する。個々の科学が到達した成果をすぐに政策に採り入れるのがよいのか、いけないのか、ということは、政治の問題であり、究極的には哲学の問題である。特に、それが軍事に結びつくようなときには、この問題は深刻である。こういう大きな問題に、科学者はややもすると、ときの権力には弱く、容認したり、積極協力したりしがちである。原子爆弾や原子力発電、各種公害の問題など、枚挙にいとまがない。そういう大きな問題とは別に、小さな問題においても、科学的知識の人間生活への応用ということでも、同様の問題がある

のである。

4. 科学の意義と価値

最後に、科学独自の意義と価値を考える。河合栄治郎の考えは次である。第一に、学問の意義と価値がそのまま当てはまる。つまり、人格の構成要素として人格の成長に与ること、道徳的行為に対して何をなすべきか、を指示することである。

第二に、科学固有の学問態度が「合理主義」（rationalism）を生み出す。すなわち、「科学的精神」（実証、公平、精密、正確、科学的勇気）が「科学的性行」（scientific frame of mind, scientific habit of mind）を生み出す。それが人生、生活の問題に発揮することにより、合理主義が生まれる。

第三に、科学研究の成果によって、科学的な世界観を形成する。自然科学の成果によって、「世界象」(Weltbild)が形成される。社会科学の成果によって、「社会観」(Gesellschaftsauffassung)が形成される。この二つが合わさって科学的な「世界観」（Weltanschuung）が形成されることになる。

第5章　道徳と価値の探求

論理実証主義を中心とする分析哲学は総じて、道徳哲学では口を閉ざす者が多い。それは第3章第1節「確実に真なるものの探求」、第2節「形而上学の否定」で確認したごとく、確実なものを求めるあまり、道徳哲学についての言明も、それについての単なる感情を表明したものにすぎない、との態度をとる（価値情緒説）。それであれば、道徳や価値については、学問（道徳哲学、価値哲学）は成り立たない。この言説よろしく彼等のほとんどは道徳哲学や価値哲学についての著作を著していない。バートランド・ラッセルなど少数の分析哲学者はこれらの著作をなしているが、認識論とは別の原理を採用せざるをえない。

分析哲学は存在論を形而上学であるとして否定し、道徳や価値については、情緒の表明にすぎないとして否定している。残るのは認識論のみとなる。そうであれば、第1章冒頭での「人類の疑問」や第2章冒頭の「学問の類型とその関係」で見たごとく、人類の知的欲求にはほとんど応えていない。特に、価値論的問題に対応できないとは、哲学魅力に欠けることになる。そうなるとその哲学はなんとみすぼらしいものなのか、なんと味気ないものなのか、となる。価値絶対主義に立てば、学問として、道徳哲学、価値哲学は可能である。分析哲学が考える「確実に真なるもの」とは別の基準があるのである。

Ⅰ　意志の自由

1. 問題状況

意志の必然・自由の問題は、存在論と認識論と道徳論との接点の問題である。Ａこれを存在論的に見れば、一つは心身問題から、環境や身体の動きが心にどういう影響を与えるか、という問題と連なっている。もう一つは変動原因論として、機械論を採れば、心においても機械論的に考えるべきなのか、という発想に連なる。Ｂ認識論的に見れば、原因結果の因果関係論と関係があり、自然における因果関係のように、人間行動の因果関係も同様なことが言えるのか、ということになる。Ｃ道徳論の立場からは、人間の意志は自由である、との常識人の思いどおりに、理論構築できないのか、という発想になる。

意志は決定されているか、意志の自由はあるか。この問題解決の方向は、大きく言って、正反対の二つがある。一つは存在論からのアプローチであり、存在論から道徳論を抱き込もうとする方向である（客観主義）。神による必然論、または機械論の決定論的自然観から、人間の意志決定においても、その必然性が貫徹する、とする。すなわち、人間の意志に自由はなく、決定されている、とする。しかし、人間は自由である、との一般人の見解に反することになり、しかもその人間の責任も問えなくなる。ここでこの考えは行き詰まる。

もう一つは道徳論または人間論からのアプローチであり、道徳論または人間論から存在論を抱き込もうとする方向である（主観主義）。常識人の立場から、人間の意志は自由であり、その人間には責任を問うことができる、とする。しかしそうすると、自然を規定する機械論、決定論と抵触することとなる。人間も自然の一部であるから、人間も何等かの形で機械論、決定論的であるはずだが、それをどこまで認め、どこから認めないとするのか、判断を迫られることになる。現在では心理学が発達していて、人間の行動も一部は因果関係的に動く、ことは自明の理になっている、からである。

2. 存在論的解決の道

この問題の存在論的解決として、「固い決定論」「柔らかい決定論」があるが、ともに存在論の決定論的法則観に則っていることは間違いない。しかし、第4章第2節「因果律の問題」の中の4「量子力学から哲学への影響」で確認したごとく、自然法則は確定的な必然性ではなく、確率的な必然性である、と言える。自然から人間への影響においても、一層大きく確率的必然性が支配する、と考えられる。つまり、人間心理においては、確率論的法則が支配する、しかもその確率は、個々の領域の法則によって違いはあるが、相当低いのではないか、と言えるだろう。

このような背景の下、カール・ポパーは『客観的知識』（*Objective knowledge*, 1972）において、この問題の解決を試みた。その概要は次のとおりである。すなわち自然現象には、A時計に似た、規則的で秩序ある、予想可能なものと、B雲に似た、不規則で無秩序な、多少なりとも予測不可能なものがある。A、Bともに原因のある事象であるが、Bのように、すべてが細部にわたって決定されているのではなく、ときには偶然的なことや例外的なことも起こりうる。これを認識論的に言えば、人間の心は決定づけられているとも、自由であるとも、言えるわけである。それに、人間の心は時計よりは雲に似た在り方をしている、言えよう。このようなポパーの見解は非決定論であり、意志の自由を消極的ながら認めていることになる。

3. カントの意志自由論

カントは認識論、道徳論のほとんどの著書で自由の問題を採り上げている。それだけ自由の問題は拘りのあるテーマであった。自由こそが道徳の基礎である、人間尊厳の基礎である、との思いがあったからである。つまり道徳の本質は意志の自由にある、とするところがカントの拘ったところであった。それがために、「意志の他律」ではなく、「意志の自律」を重視した（意志の自律や他律については、第2節2「カントの義務倫理」のうち⑤参照）。カントにとって、自由は道徳法則の「存在根拠」（ratio essendi）であり、道徳法則は自由の「認識根拠」（ratio cognoscendi）である。

その基本姿勢は「自然の因果性」と「自由の因果性」との区別であり、前者においては因果律が貫徹するが、後者においては因果律は成り立たない、とする。つまり人間の意志は自然の因果の埒《らち》外にあり、本源的に自由であるとした。カントの因果関係論については、第4章第2節「因果律の問題」参照）。

より詳細には、次のとおりである。カントは『純粋理性批判』の後半において、「純粋理性のアンチノミー」を論じている。その三番目が因果律と自由とのアンチノミーの問題である。ここにおいて、「正」（自由）と「反」（因果律）ともに真であることを立証する。第一番目と第二番目のアンチノミーにおいては、ともに偽となるので、それとは対蹠《たいしょ》的な立論となっている。

正の議論の説くところは、「叡知界」（intelligible Welt、悟性界）における人間は、「感性界」（Sinnenwelt）における人間に影響力を行使すれば、第一の始め（自由）となりうる、とするのである。つまり、ここには自由による因果性が成り立つ。行為の最終原因は意志の自由である。

反の議論の説くところは、感性界において人は自然の因果律に服する、ということである。ここに同じ人間が一方では叡知界に属し、他方では感性界に属する。そして、自由は叡知界において、自然の因果律は感性界（現象界）において、それぞれ律するのである。こうして自由と因果律は共存するのである。これがカントの自由論である。

４．理想主義者の意志自由論

カントの後継者、特にイギリス理想主義の面々が「人格主義」の立場から、意志の自由を主張している（「人格主義」については、第5章第6節「最高価値は人格」参照）。この派の考えでは、「我」＝「人格」（以降、人格と言う）が認識、道徳、芸術などを統括しているので、あらゆる場面で人格が判断を下す、つまり意志決定する。自然の確率的傾向に対しても、それに抗して、あるいはそれを無視して、違う方向に動くことを決断できる、とする。

５．意志決定論批判

ここで客観主義が依拠する意思決定論を批判しておこう。第一に、第4章第2節「因果律の問題」のところで見たごとく、二十世紀の量子力学において、「不確定性原理」が唱えられた。その内容は当所で確認願うが、そこで確認できたことは、「必然的因果関係」が成り立たず、「確率的因果関係」しか成り立たない、ということであった。自然界のすべてが必然的な因果関係によっているのではない、ということである。ましてや人間界においてをや。

第二に、人間の行為について考えてみるに、河合栄治郎の議論が決定的になる。すなわち、①飢えを感じて食物を摂る行為は、自然界での因果必然の中にある。②飢えを感じても食物を摂らない場合がある。これを少数の場合だというならば、たとえ少数でも例外が許されるならば、必然ということは成り立たない。③摂る食物が他人の所有物である場合、行為者は法律上に処罰を受けるし、道徳上に非難される。これは行為選択の自由があることを前提としている。④必然に決定されているならば、非難や処罰は無意味である。⑤自然的事件ならざるものが介入することにより、自然必然の因果関係の系列は中断されて、行為は人間の、自我の、自由なる行為となる。

6. 戦後の行為論について

二十世紀後半になってから、意志の必然・自由問題に関して、新たな動きが現れた。それは人間の行為を、道徳以外のものに広めて、その原因・結果の連関を探る行為論であった。分析哲学の日常言語学派のギルバート・ライルの仕事を契機に、エリザベス・アンスコムの「反因果説」(non-causal theory) やドナルド・デヴィッドソンの「因果説」(causal theory) が出ている。

これらの理論の意志の必然・自由問題への影響はいかなるものであろうか。総じて言えば、これらの理論は人間の行為全般を対象にしており、道徳の行為には眼が届いていない。人間の行為全般においては、これらの理論で良いだろうが、道徳にそれらを適用するには不適切である。道徳以外の人間の行為にまで哲学の対象とした功績はあるが、道徳論においては功績ゼロである。道徳においては、「意図」(intention) ではなく、道徳行為をなすという「意志」(will) が問題となる。道徳での意志は必然か自由かは依然として大問題である。

Ⅱ　行為の善

1．善とは何をする行為のことなのか

ここから道徳の問題に入っていく。道徳の対象として問われるのは、人間の行為と状態である。行為については、行動との差が問題となる。「行動」（behavior）と「行為」（act, action）の差の一つは、前者が社会における政治とか経済とかの活動であるのに対して、後者は家庭とか近隣での生活上の行動のことである。もう一つの差は、前者が無意識的動作と意識的な動作を含めたものであるのに対して、後者は意志に基づく動作のことである。こらから言えば、行為は生活上の意識的な動作ということになる。

行為についても、いろいろな行為がある。生理的現象を満たす行為、その準備のための行為（料理など）、習慣に基づく行為、生活の糧を得るための行為、知的生活のための行為、などなどである。これらの行為は基本的には、道徳的に善いとか悪いとか、問われることはない。それ以外の行為で、道徳的に善いとか悪いとか、問われる行為が、ここでの対象となる行為である。

2. カントの義務論理

人類の道徳思想史の中で、最も荘厳で、最も納得するのはカントの説である。カントの道徳論の書としては、三つほどあるが、カント道徳行為論の核心は『道徳形而上学原論』（*Grundlegung zur Metaphysik der Sitten*, 1785）と『実践理性批判』（*Kritik der praktischen Vernunft*, 1788）である。そこでの道徳律の中身を導出するまでの思考過程は次のとおりである。

①道徳の法則としては、二つある。一つはA「格率」（maxim、マキシム、準則）であり、個々の個人が勝手に想定する原則であり、個人的、主観的な規則とも言えるし、自分で自分に定めた行動の規則のことである。もう一つはB「道徳律」（Das moralische Gesetz）であり、すべての人に適用される普遍的な原則であり、我々はこれの探求を目指すべきである。

②その道徳律の探求に当たっては、A行為の結果よりも、B行為の原因すなわち意志、動機を重視すべきである。なぜならば、結果を考えると、道徳律が成立しないからである。ある結果が出れば善いとなれば、どのような手段でも善いことになり、法則成立のための普遍性と必然性がない。善い意志による行為のみが道徳律となりうる。カントは言う。「我々が無制限に善と認めうるものとしては、この世界の内にも、また外にも、ただ善なる意志しか考えられない」。

③我々の意志が決定されるに当たっては、A「傾向性」（Neigung）「快と不快」（Lust und Unlust）の感情が大きく影響するが、それらを排して、B「良心」（Gewissen）すなわち善い意

志による、無条件の「義務」(Pflicht) として、決定することが大切である。傾向性、快と不快により意志決定するとすれば、人間の自発性が損なわれるし、動物の意志決定と変わりがない。人間らしい意志決定は良心によるしかない。道徳律を尊重する意志を義務とする姿勢は「厳格主義」(Rigorismus) と言われる。

④次に、具体的な道徳律の設定に当たっては、まずA「仮言命法」(hypothetischer Imperativ) が考えられる。これの文章形態は「……ならば、～～せよ」となる。つまり条件つきの行為命令である。これは、自然の因果関係を、現実技術論の見地から、表現したもので、幸福の原理ではあっても、道徳の原理ではない。これは条件つきであるがゆえに、普遍性はない。

それに代わるものはB「定言命法」(kategorischer Imperativ) である。これの文章形態は「～～せよ」となっていて、条件はついていない。無条件の行為命令である。これは文句なしの命令、良心の声であり、神の命令でなく、自己が自己に内面的に課する命令なのである（実践理性の自己立法)。ゆえに、普遍性がある。ここで注意しなければならないのは、単に「定言命法」を装うだけの行為は、義務に適っているにすぎない行為なので、「適法性」(Legalität) を有するにすぎない。これに対して、道徳法則に対する尊敬の感情に基づく行為の場合は、「道徳性」(Moralität) を有することになる。

⑤次に、A仮言命法に従うことは「他律」(Heteronomie) である。なんとなれば、前段落で

捉えたごとく、自然の因果関係を、現実技術論の見地から、表現したものなので、感性に「支配」され、現象界に属し、自然の因果に「規定」されているからである。それに対して、B定言命法に従うことは「自律」(Autonomie)であり、前段落で確認したごとく、自己が自己に内面的に課する命令なので、自発的な原因性であり、その個人は「自由」である。実践理性による自己立法にこそ、人間の尊厳があり、人間道徳の尊厳があるのである。

3. カントの「道徳律」

以上のカントの義務倫理学から、どのような一般的な「道徳律」が導出されるのであろうか。つまり、定言命法から内容を捨象し、内容はないが、一般的な義務を示そうとする。『実践理性批判』(1788)では、ただ一つ示されているだけである。それは次のとおりである。

「汝の意志の格率が、常に同時に普遍的立法の原理として妥当しうるように、行為せよ」(Handle so, daß die Maxime deines Willens jederzeit zugleich als Prinzip einer allgemeinen Gesetzgebung gelten könne.／Act only on that maxim whereby thou canst at the same time will that it should become a unversal law.)

①第1原理(the formula of unversal law、普遍法則の原理)

他方、『実践理性批判』よりも早くに著された『道徳形而上学原論』（1785）においては、根本的包括的なものはただ一つであり、そこからそれを含めて計三つの実践的原理が帰結する、と言う。ここでの第一原理は、『実践理性批判』での公式とは若干表現は異なるが、中身は一緒である。次のとおりである。

「汝の行為の格率が、汝の意志によって、普遍的自然法則となるかのように、行為せよ」(Handle nur nach derjenigen Maxime, durch die du zugleich wollen kannst, daß sie ein allgemeines Gesetz werde.／Act as if the maxim of thy action were to become by thy will a universal law of nature.)

別訳・解釈としては、「自分の格率が他者の格率にもなるように、さらには社会全体の格率になるように、行為せよ」がある。まさに、実践理性の自己立法を表している。

②第二原理（the formula of humanity as an end in itself、人格の原理）

「汝の人格およびあらゆる他の人格における人間性を、常に同時に目的として取扱い、決して単に手段として取り扱わぬように、行為せよ」(Handle so, daß du die Menschheit, sowohl in deiner Person als in der Person eines jeden anderen, jederzeit zugleich als Zweck, niemals bloß als Mittel brauchst.／So act as to treat humanity, whether in thine own person or in that of any other, in every case as end withal, never as means only.)

他訳としては、「自分の人格や人間性だけでなく、他者の人格や人間性を、単に手段としてではなく、同時に目的として、扱いながら行為せよ」がある。解釈として、他者を尊厳のある自由な存在として配慮し、敬意を払いつつ、行為しなければならない。これはまさに人格主義を表現した公式である。人格主義については、第5章第6節「最高価値は人格」参照。

③第三原理（the formula of universally legislative will、自律の原理）

「意志がその格率によって、自己自身を同時に普遍立法的と認めうるようにのみ、行為せよ」

(Handle nur so, daß der wille durch seine Maxime sich selbst zugleich als allgemein gesetzgebend betrachten könne.)

4. カント倫理学への批判と反批判

このようなカントの義務倫理に対しては、辛辣な批判が殺到している。①形式的すぎる。中身がない。何をなすべきかの具体的規範がない。一般人が依拠すべき基準が明示されていない。これは倫理学に具体性を求める人からの批判である。確かにカント倫理学が行為について明示するのは三つの原理だけである。

しかし、この三原理で十分なのである。我々が人生の各場所で逢着する局面はあまりにも多すぎる。河合栄治郎が言うがごとく、これらの予想される、あらゆる場合に備えて、その原理を記すとすれば、万巻の辞書を用意しても、できないであろう。三原理を各々の場合に適用すればよいのである。

②善なる意志のみを重視するので、行為の結果には無頓着である。人生をわたるのに、嘘も方便的なことも必要であるが、それを無視するので、実際的倫理とは言いがたい。これは現実的倫理を求める人からの批判である。しかし、原則的原理としては、上記三原理で十分である。さらに実際的倫理を望む人は、それに加えるに通俗的叡智を施せば良い。カントはそこまで否定する堅物ではない。

③あまりにも厳格的すぎて、「美しい魂」(schöne Seele) から見ると、優美さがない。これはフリードリッヒ・フォン・シラーやヨーハン・W・ゲーテといった美学者、芸術家たちからの批判である。しかし、道徳に優美さとか「美しい魂」とかは不要である。何が善なのかをとことん追求する姿勢が、倫理学には必要である。その結果が厳格であったとしても、それはそれでよいのである。

5. カント倫理学の影響

カント倫理学は内容の立派さに加えて、実際に人生を処するに当たっても効果を発揮するものなので、後生に大きな影響を与えた。①渡部昇一によれば、フリードリッヒ大王は部下の将校たちに、カント講義に出るように命じた。これはカントの行為倫理学と言うよりは、次節の徳倫理学によるものと思われるが、カント説が現実社会に従順である、と解釈されたため、と見られる。

②イギリス理想主義のトーマス・ヒル・グリーン、フランシス・H・ブラッドレーに影響を与え、彼等をして理想主義倫理学書を書かしめた。③新カント学派のうち、マールブルク学派に属していたマックス・シェーラー、ニコライ・ハルトマンをして、実質主義価値倫理学を樹立せしめた。④宗教哲学において、ルドルフ・オットーをして、新たな宗教哲学を構想せしめた。⑤日本のカント学派と称すべく河合栄治郎は河合倫理学を構築した。⑥ユルゲン・ハーバーマスはカント倫理学の現代ヴァージョンと言うべきコミュニケーション理論を構築した。

6. 河合栄治郎の道徳哲学

河合栄治郎はカントの道徳論を受けて、『学生に与う』(1940)において、道徳論を展開した。行為の善とは何か、の大問題解決のため、四つの小問を立てる。①何のために行為をするか。これは行為者の動機の問題であり、自我の成長のためとする。つまり、その行為をなすことが、自我の成長を満足せしめうるがごとくに、その行為をなせよ、ということである。

②誰のために行為するか。これは行為の目標とする相手の問題である。あらゆる人は平等に取り扱わなければならない。なぜならば、もしも平等でないならば、不平等に扱われた者は、他の者の手段となることであり、これは最高価値ではなくなることだからである。

③誰の何のために行為するか。これは行為の目標とする事柄の問題である。行為は人の人格性を目標とすべきである。④何をなすか。これは行為の内容の問題である。この④が狭義の道徳哲学の問題である。

次に、いかなる行為をなすべきか。①「いかなる行為をなすべきかは、いかなる条件を供与すべきかということである。これに答えてくれるのは哲学と科学である」。②「哲学と科学とに代わって、我々の行為の指示をしてくれるものがある。それが既存の習慣および道徳、法律の命令である。これこそ人類数千年の経験が結晶したものである」。③旧来の習慣などが古くなっている場合は、「命令を創造せねばならない」。「新命令の創造と旧命令の再検討はどうしてするか。そこで再び戻って、哲学と科学とに返り、これに教えを受けるのである」。

最後に具体的行為はどうあるべきか。「あらゆる場合を予想して命令を編むことは、数万巻の辞典を作ってもなお不可能である。これカントが形式的にしか善を定義しなかった理由である」。

上記の精神が分かっていれば、具体的の行為はおのずから決定される。

具体的行為の選択に迷うときがある。「我々が行為について迷う場合は、自己の利につくか、自己の利を去るか、という単純な対立に帰着することが多い。人格への成長のためという動機は、明白に利を去って、利につかないことを要求する」。「利を捨てることがただちに善き行為となるというのではなく、利に囚われる間は、人は心眼曇って道が見えない。利を去るときに、心眼ただちに開いて、道おのずから通ずるのであろう」。

Ⅲ　徳の善

1．善なる徳はどういうものか

前節は善なる行為が対象であった。本節は善なる態度である。それは善い性格でもあった。ふつう「徳」（virtues、諸徳）と呼ばれている。それを考察する倫理学は「徳論」または「徳倫理学」と呼ばれている。この徳論は古代ギリシアのときから説かれていて、プラトンの四元徳、アリストテレスの中庸の徳、アウグスティヌスの七元徳などが有名である。現在においても、倫理学ではベンサム、ミルの功利主義倫理学、カントの義務倫理学とともに、アリストテレスなどの徳倫理学は勢力を三分している。

2．ヒュームの徳

近代西洋の哲学者で珍しくも徳論を展開したのはデイヴィッド・ヒュームとイマヌエル・カントである。ヒュームは『人間本性論』（*A Treaties of Human Nature*, 1739-40）の第3編「道徳について」において、徳を二分し、「自然的な徳」（natural virtue）と「人為的な徳」（artificial virtue）とした。前者の代表は「仁愛」（benevolence）であり、後者の代表は「正義」（justice）である。

ヒュームはそれとは別に、有用と快い、自分と他人、の二つの指標から、次の四つの型を導出する。A「本人にとって有用」（勤勉、思慮、倹約など）、B「本人にとって快い」（平静、快活、威厳）、C「他人にとって有用」（正義、仁愛、誠実など）、D「他人にとって快い」（上品、礼儀正しい、機知など）がそれである。

3．カントの徳

カントは『道徳形而上学』（*Metaphysik der Sitten*, 1790）の第2部「徳論の形而上学的基礎論」において、徳論を展開した。ヒュームの議論を受けて、A「自分自身に対する徳の義務」とB「他人に対する徳の義務」を論じた。次のごとくである。

A「自分自身に対する徳の義務」
AY徳になるもの＝自己保存、節制、自重、謙遜《けんそん》、矜持《きょうじ》、良心など
AN悪徳になるもの＝自殺、不摂生、虚言、貪欲《どんよく》など
B「他人に対する徳の義務」
BY徳になるもの＝愛、尊敬、誠実、友情、社交性など
BN悪徳になるもの＝敵意、復讐心《ふくしゅうしん》、羨望《せんぼう》、猜疑《さいぎ》、嫉妬《しっと》など

4.「完全義務」と「不完全義務」

上記では、徳になるものと悪徳になるものを対比しているが、それを「完全義務」と「不完全義務」とに対比する場合がある。ここに、「完全義務」(perfect duty) とは完全に全うしなければならない態度・徳のことであり、ゆるがせにできない態度・徳のことである。英語ではよく「オブリガトリー」(obligatory) と言う。

それに対して、「不完全義務」(imperfect duty) とは完全にしなければならないことはさらさらなく、それを行うと功績になる態度・徳のことである。英語ではよく「メリトリアス」(meritorious) と言う。

この「完全義務」「不完全義務」と上記の「自己に対する義務」「他人に対する義務」をマト

第14図　徳の義務の分類

	完全義務	不完全義務
自分自身に対する徳	自殺しない。	勤勉する。 自己の向上に努める。
他人に対する徳	約束を守る。	親切にする。 困っている他人を助ける。

リックスにすると、四つの類型が浮かび上がる（第14図）。

これらの考え方は後生の哲学者にも採用された。例えば、J・S・ミルは他人に対する完全義務として挙げたのが「他者危害の原則」であった。現代においては、社会福祉に関して、「社会福祉は他者に対する完全義務ではない」と主張するのが「完全自由主義」であり、「リバータリアニズム」（libertarianism）である。フリードリッヒ・ハイエク、ミルトン・フリードマン、ロバート・ノージックがこの論者である。それに対して、「社会的不平等の是正は完全義務である」とするのが「リベラリズム」（liberalism）であり、論者はジョン・ロールズ、ロナルド・ドゥオーキンである。ここから、「正義は完全義務、慈悲は不完全義務」が一般原則となっている。

5．善行為と徳との関係

善行為と徳との関係、行為倫理学と徳倫理学との関係はいかなるものであろうか。前者は、行為そのもの、つまり英語で「トゥー・ドゥー」を考察の対象とする。後者は、行為者の態度・性格、つまり英語で「トゥー・

ビー」を対象とする。前者の中心問題は「どのような行為をすることが善なのか」であるのに対して、後者のそれは「どのような態度・性格が善なのか」である。

違いはそれだけではない。倫理学の性格自体が違う。①行為倫理学は善悪のみを対象とするが、徳倫理学は善悪以外の、誠実・不誠実、賢い・愚かなどの諸徳を対象とする。②さらには、前者は善悪を一般的、理論的にしか考察しないが、後者は特殊的、個別的に検討する。この違いが後者から前者への批判点でもある。

逆に、行為倫理学から徳倫理学への批判点は次のとおりである。①徳倫理学の対象たる諸徳はいろいろあるが、複数ある徳間の優劣を決める基準がない。いずれも特殊的理由を持ち、それらは相対的と見るからである。②徳倫理学は善行為をどう見なすのか。ある人が善い行為をしても、ただちにその人が善い人ではない、いつも善い行為をする性格でなければならない、と徳倫理学者は言う。このゆえに、善い行為とは徳のある人がなす行為である、と答える。それでは、徳のある人とは何者か。徳のある人とは徳のある行為をすることのできる人である、と答える。それでは、まさに循環論法ではないか。そうでないとしても、徳の定義ができていない。しかし、ここから分かることは、善行為の積み重ねが善なる態度・性格・徳を形作る、ということである。

Ⅳ　事実と価値の二元論

第3章第5節「自然主義の否定」で確認したごとく、客観主義においては、事実と価値は一元論として主張されていた。そこでは、事実価値二元論の立場、すなわち主観主義の立場から、事実と価値の二元論を否定しておいた。本節においては、逆に事実と価値は二元論でないといけない、ことを証明するのである。

1．「ヒュームのギロチン」

ヒュームは『人間本性論』（A *Treaties of Human Nature*, 1739-40）の第3部「道徳について」の最初で、A「である」（is, and is not、事実）とB「であるべき」（ought or ought not、当為）の分離、つまりAからBは引き出しえない、ことを論述した。ここからは、a「事実の問題」（matters of fact、経験科学）とb「観念の関係」（relation of ideas、論理学）とは別のものである、との主張になる。このことは「ヒュームのギロチン」（Hume's guillotine）とか「ヒュームの法則」（Hume's law）とか呼ばれている。

この法則の意味するところは、①価値判断は真偽を言える種類の判断ではない（非認知主義）。

②価値に関する命題の真偽は、自然的な事実によって決定される、という自然主義の否定になる。この立場は事実・価値二元論の嚆矢《こうし》である。

2. カントの「事実問題」「権利問題」

カントの論に「事実問題」（quid facti）「権利問題」（quid juris）がある。カントがこの用語を使ったのは、自らの認識論の姿勢が、それまでの理性論や経験論とは異なることを、明瞭にするためであった。理性論は「独断主義」（Dogmatismus）であり、経験論は「事実問題」を問題とするが、自分は「権利問題」を問題とする、というのである。ここでは認識の事実を問題にするのではなく、認識の妥当性、認識の理想・価値を問題にする、という姿勢が表されている。

ところが、時代が下るにつれて、カント哲学の理解が深まるにつれて、ここで問題としている、事実問題と価値問題の区別を意味している、と解釈されるようになった。事実判断から価値判断が帰結するのであれば、事実問題に終始する経験論に組してもよかったのであるが、それを断固拒否しているので、事実判断から価値判断が帰結しないし、事実判断と価値判断は峻別しなければならない、と考えていたことは間違いないのである。

こういった哲学的背景の下、以降のドイツ哲学では、「ザイン」（Sein）と「ゾルレン」（Sollen）の峻別、独立、互いに相手からの論理的帰結はありえないこと、が当然のごとく受け入れられていったのである。

3．ムーアーの「自然主義的誤謬」

G・E・ムーアーは『倫理学原理』（*Principia Ethica*, 1903）において、「自然主義的誤謬」（naturalistic fallacy）の説を唱えた。この説によれば、「善」（be good）とは直感によってのみ捉えられるもので、「快い」（be plesant）とか「欲求」（be desired）というような自然事実で定義するのは、「自然主義的誤謬」を犯すものである、とした。そのような例として、ムーアーが挙げたのは、ハーバート・スペンサーの進化論倫理学、J・S・ミルの功利主義倫理学であった。

ムーアーが主張する根拠としては、行為についての倫理的性質と自然的事実の記述とは異なる、というものである。倫理的性質と自然的性質を同一のものだ、とは考えてはならない。同一のものだと考えてしまうと、その理論は自然主義的な誤りに陥る。このようなムーアーの理論は、「ヒュームのギロチン」がたいした議論を招くこともなく、半ば忘れ去られたのとは対照的に、その理論（特に直感ということ）が不可解なこともあり、多くの批判を招くことになる。

例えば、ウィリアム・フランケナ、アルフレッド・エイヤー、R・M・ヘアーなどの批判がある。それぞれの理論を紹介するのは煩雑でもありカットするが、彼等はムーアーの理論を批判するが、事実と価値は別物である、とのスタンスは同じであった。
ムーアーについての議論で分かったことは、哲学者間でのこの問題へのスタンスの捉え方が定まったことである。それは次のとおりである。
A自然主義（naturalism）＝事実・価値一元論＝事実判断と価値判断の間に違いはない、とする。……デモクリトス、アリストテレス、エピクロス、グローティウス、ホッブス、スピノザ、ロック、ベンサム、ミル父子、スペンサー、デューイ、シュリック
B直観主義（intuitionism）＝事実・価値二元論……ムーアー
C価値主観説、価値情緒説（emotive theory of value）＝事実・価値二元論＝価値判断の機能は認識表現にはなく、話者の感情や態度を表現し、聞き手の行動や態度を規制する。……①ヴェーバー、ケルゼン、②カルナップ、ライヘンバッハ、エイヤー、③スティーヴンソン

4．ヴェーバーの「価値からの自由」

社会科学者のマックス・ヴェーバーは「社会科学と社会政策にかかわる認識の〝客観性〟」(Die“Objektiviät”sozial wissenschaftlicher und sozialpolitischer Erkenntnis、1904）という論文その他で、この問題についての持論を展開した。

ヴェーバーはこの論文で、経験的知識と価値判断、ザインとゾルレン、認識することと評価す

ることとの峻別を主張し、両者の混同を厳しく戒めている。そして、ときに科学者の立場で発言し、ときに評価者の立場で発言していて、科学と倫理に両足を置いていた、ともされる。同一人が科学者として発言するとすれば、事実問題に徹しなければならないし、評論者として発言する場合には価値問題に徹しなければならない。

ただ、この論文においては、後の論文で有名になる「価値からの自由」(Wertfreiheit) という用語は使われておらず、かつ事実判断と価値判断の関係についての、明瞭な発言は少ないが、直接言及している言説から確認すれば、「経験科学から当為的な価値判断を生み出さなければならない、とする見解を基本的に拒否しなければならない」とあることから、いっそう明瞭である。

ヴェーバーの社会科学についての考えは、認識の客観性を保つために、事実判断と価値判断を峻別し、価値判断を排除し、事実判断のみで論を構成しなければならない、というものであった。これは当時勃興しつつあった社会科学において、進化論者や歴史学派やマルクス主義のごとく、両者の融合は当然とする動きが強く、それらを厳しく牽制、批判するものであった。このヴェーバーの「価値からの自由」論が、二十世紀においては、一部学派を除いて、主流の考えになっていった。

自然科学において、このような事実判断と価値判断の峻別の問題は発生しないのに、社会科学においてはこれが発生するのは何故か。社会科学においては、科学を研究する人物が、他方では社会の一員として、政治的経済的に深く関わっているからである。大抵の場合、政治運動、経済運動のリーダーまたはイデオローグであるので、みずからの政治、経済上の主張・イデオロギーを有利にするために、社会科学における事実判断に手心を加えるとか、制限を加えたりする。これこそが事実判断と価値判断の混用なのである。こういうことは社会科学においては、あってはならない。ヴェーバーの「価値からの自由」はこのことを訴えているのである。

5. 河合栄治郎の峻別論

戦前日本において、事実判断と価値判断の峻別すべきことを主張した数少ない思想家として、河合栄治郎がある。河合は『学生に与う』(1940)において、ヴェーバーの理論を受け入れ、次のように主張する。すなわち、①科学から価値判断が導き出されるならば、実践的、価値的哲学は不要となる。しかし、実践的、価値的哲学は哲学史上ずっと存在する。②科学における理論判断は善悪の価値判断や美醜の価値判断とは性質を異にする。価値判断においては、賓辞は価値を基準として、導き出されるのであり、この主辞とこの賓辞との結合により、当然にはあらざる、まったく新たなるものが付加されるのである。③価値判断と理論判断とは性質を異にするから、理論判断から価値判断を導き出すことはできない。

6．ポパーの二元論

第3章第5節で挙げたとおり、カール・ポパーは『開かれた社会とその敵ども』（1945）の第5章「自然と規約」において、事実と価値の一元論の自然主義を批判した。それは同時に事実と価値の二元論の主張でもあった。それ以外にも、同書第2巻への追録の中、12として「事実と基準の二元論」、16として「事実と基準の二元論と自由主義という構想」において、「事実と基準の二元論」を明確に説いている。ここで事実と価値の峻別を説いているのである。

追録の前者において、次のように記した。すなわち、価値（仮説の提案、その議論、それを採るという決定）は事実を作り出しはしない。事実がどんなものであれ、価値がどんなものであれ、相互への還元は不可能である。

追録の後者において、次のように論じた。すなわち、事実と価値の二元論はこの世の不正義とその犠牲者を助けようという決心の産物である。事実は正しい基準にはなりえない。自由主義は善い基準を求めている。事実の評価は善い場合もあるし悪い場合もあり、事実の評価は固まらない。一元論の立場は未来の権力と正義の同一に行き着く。一元論は基準を既成権力か未来の権力のいずれかと同一視することになる。

7. 実際の価値原理

事実と価値については、次のようにまとめられるのではないか。すなわち、①与えられた事実一つからある価値が導出されるわけではない。②事実が複数生じた場合、それから何らかの対応策・価値が導出されることはある。③その場合においても、同じような事実複数から、それを容認する対応策・価値が導出される場合もあれば、反対にそれを否認する対応策・価値が導出される場合もある。④対応策・価値が導出される場合、事実から直ちにある対応策・価値が導出されるのではない。究極の価値基準に照らして、複数の事実を考慮し、判断者が独自の判断で、対応策・価値を導出しているのである。ここに、A究極の価値基準、B判断者の独立性、C選択（意志）の自由、D事実判断と価値判断の時間的乖離が前提されている。

例えば、全人類が幸福な生活を欲している、という経験的事実が確認された場合を考える。①そこからただちに「万人は幸福な世界を欲すべし」という当為が導出されるわけではない。②論究しようとする者は調査、取材などを行って、事実を確認する。③それに関する究極の価値基準は何かを自答する。④それによって、「万人は幸福な世界を欲すべし」と結論を出す場合もある。この場合、経験的事実があるがゆえに結論づける場合もあれば、究極の価値基準もそれであるとして、結論づける場合もある。⑤場合によっては、人によっては幸福以上に追求すべき他の価値があるとして、結論を留保することもある。ある人がそれを主張することは認めるとして、全人類の価値としては否定することもある。

さらに実践的三段論法をも検討しよう。例えば、次の場合である。

①大前提　その小屋は暖房しなければ、人が住めるようにならない。

②小前提　私はその小屋を人が住めるようにしたい。

③結論　とすれば、私はその小屋を暖房しなければならない。

上記のように二つの事実から価値が導出される、と言うが、小前提には価値が含まれている。これだと、結論に価値が含まれるのは当然である。小前提に価値を含まない事実のみの叙述文、例えば「私はその小屋を見つけた」の場合に、上記のような結論には達しない。「とすれば、私はその小屋に住むことを諦める」となるかもしれない。このように見てくれば、事実判断から直ちに価値判断が導き出されるわけではなく、両者はまったくの別物である、ことが分かる。

8．事実と価値による学問の区分け

以上論じてきたように、事実・現象を因果関係的に追求するのが科学であり、価値・理想を価値批判的に追求するのが哲学であった。それから言えば、価値・理想を因果関係的に追求することも、また事実・現象を価値批判的に追求することもありうるし、これらも科学または哲学の一種ではある。これらを整理するためにまとめたのが、第15図である。このことを日本で最初に主

第15図　事実と価値による学問の区分け

		対象	
		事実（現象）	価値（理想）
方法	事実的（因果関係的）	A科学	B特殊科学（思想史など）
	価値的（価値批判的）	C特殊哲学（自然哲学、社会哲学）	D哲学

張したのは河合栄治郎である。

ここにAは科学であり、Dは哲学である。その他に、B特殊科学、C特殊哲学が存在する。ここにB特殊科学は価値・理想を対象とするが、それを因果関係的に追求するもので、具体的には哲学史、認識論史、道徳史などである。C特殊哲学は事実・現象を価値批判的に追求するもので、具体的には自然哲学、社会哲学（さらには経済哲学、政治哲学、文化哲学など）がある。

V　価値の問題状況

1．問題状況

事実と価値は別ものであり、事実から価値は導きえないが、その価値は相対的なものなのか、絶対的なものなのか。「価値相対主義」は価値の複数性と個々の価値の非優越性を訴える。善とか価値は歴史的、文化的文脈に依存し、すべての人々において異なる、との考え方である。これと類似の考え方に「価値多元主義」がある。

第１６図　価値の考え方の型

	価値客観説	価値主観説
相対主義		文化人類学、多元文明論、民主制論者、ケルゼン、ラッセル、バーリン
絶対主義	プラトン、エリウゲナ、ヘーゲル、エンゲルス、アレグザンダー、シェーラー、ハルトマン	進歩史観、西洋中心主義史観、カント、新カント派、フッサール

価値多元主義は価値の複数性と個々の価値の非優越性、複数の並列的関係を訴える。これは二十世紀に発生した文化人類学や多元文明論や一部歴史家に強い考え方である。価値多元主義も価値相対主義の一種であると言えよう。

それに対して、「価値絶対主義」は最高価値の単数性と個々の価値間での最高価値の優越性、価値の段階制を訴える。善や価値は歴史的、文化的文脈に依存せず、どのような観点から見ても必ず価値あるものである、という考え方である。進歩史観、西洋中心主義史観、唯物史観、宗教に影響された哲学（プラトン、ヘーゲル）、実質的価値倫理学、カント、新カント派などの考え方である。他方、価値客観説と価値主観説がある。そこで四つの考えをマトリックスにすれば、第16図のとおりとなる。

この中でマルクス主義だけは少し特殊である。基本的には自然主義にあるので、歴史の流れの中で、その時代その時代の支配階層の価値が社会全体の価値になるので、時代を通貫しての絶対的な価値はない、との考え（価値相対主義）であるが、時代の最後の価値がそれまでのものを克服して絶対である、との考えをも持っているので、価値絶対主義である。

2. 価値の相対主義批判

文化人類学や多元文明論の対象たる各民族の評価としては、価値相対主義に立つのが正しいであろう。この場合、これからの全地球的規模での民族の平和的共存を考えての、いわば政治的判断である。いわば政策的な判断なので、こういう場合には、相対主義は受け入れられる。

現代政治の主流は民主主義である。民主主義はメンバー意見の相対主義を前提にしている。メンバーの政治意見は相対的なものなので、それを賛成数の多いものを全体の意志としようとする便宜的なものである。この場合に、ある政治的意見を絶対的だと見なすと、こういった民主的制度は受け入れられず、その主義者はその実現のためには、独裁制を敷くしかない。こういうことから、政治制度での相対主義は広く受け入れられている。

これについては、理論的にはハンス・ケルゼンやバートランド・ラッセルの説がある。ここではケルゼンの説を採り上げる(『デモクラシーの本質と価値』)。すなわち、絶対主義的世界観は独裁制に直結し、相対主義的世界観は民主主義に繋がる。神のような絶対的な基準があるならば、絶対主義は良いだろうが、有限な我々にはそのような能力はない。それであるならば、相対主義的な民主主義に立たざるをえない。

しかし、哲学的に価値の相対主義か絶対主義かでは、相対主義はすこぶる部が悪い。一つには、相対主義であるので、自己の立場が他の立場よりも絶対的に優れている、と言えないことがある。二つには、「自己言及のパラドックス」がある。これは価値論に限らないが、自己の立場の主張のときに、自己の立場の相対的なることを前提としている（絶対に正しいということはない）ため、論理的自己矛盾を来たし、正当な主張ができないことになる。

三つには、我々が価値判断するとき、元になる（基準となる）価値を前提として、あること（行為）は非常に善いとか、非常に悪いとか、少しは善いことではあるとか、判断している。その元になる価値が相対的なものならば、そうはっきりとは判断できないことになる。元になる価値は絶対的なものでなければならない。

3．価値の絶対主義の問題

価値の領域でこれが最高価値である、と言えるような絶対的基準があるのか、が問題となる。科学においては、ある説が正しいかどうかは、実験や観察によって、その説どおりの現象が起こるかどうか、のチェックを行うことによって、その説の真偽を判定することが可能である。それに対して価値の領域でそういうことができるのであろうか。

結果から言うと、残念ながら、価値の世界においては、科学における真理のように、誰もがチェックでき、その結果に対しても誰もが信用するような、客観的な基準はない。相対論者が主張するように、価値は人間の数ほども多様であって、その中でこれが最高である、と誰もが納得する、客観的に証明できるような、方法はない。

だから、哲学者たちは、科学理論ではなく、哲学理論の中で、ある価値が最高であることを、説いてきたのである。それは科学ではない、哲学固有の証明法なのである。プラトンの考えでは、現実界とは別にイデア界があって、そのイデア界には真理や価値そのものがあり、当然最高価値もあり、人間は理性的思考によってイデア界の世界を垣間見ることができる、と言う。

価値の絶対主義には、１「問題状況」で見たとおり、二説がある。その一つの「価値客観説」とは価値が外界物質とは別に宇宙のどこかに存在する、ことを主張するものである。その中心は存在階層説を主張するものであり、その最高存在が最高価値である、とする。プラトンやヘーゲルなどはそうであるし、実質的価値倫理学もそうである。

それに対して、もう一つの「価値主観説」は、価値は人間主観とは別に外部にあるのではなく、人間主観によって作られる、と考える。主観の持つアプリオリな認識装置ゆえに、絶対的な価値が認識でき、間主観的にその絶対価値を共感できるとする。カント、新カント派、フッサールなどである。

４．価値客観説

十九世紀以降、存在論において、存在の階層を想定する動きが出てくる。それはＧ・Ｗ・Ｆ・ヘーゲル『エンツィクロペディー』(*Enzyklopadie der philosophischen Wissenschaften*, 1817) を先駆とし、フリードリッヒ・エンゲルス『自然弁証法』(*Dialektik Der Nature*, 1870-83)、サミュエル・アレクサンダー『空間、時間、神性』(*Space, Time and Deity*, 1920)、ニコライ・ハルトマン『存在論の新しい道』(*Neue Wege der Ontologie*, 1942) へと続く。

ヘーゲルにおいては、存在物の階層として基礎的なものから順に、①理念↓②力学↓③物理学↓④有機体学↓⑤主観的精神↓⑥客観的精神↓⑦絶対的精神が示され、エンゲルスでは、①物質運動↓②物理過程↓③生命過程↓④社会が提示され、アレクサンダーでは、①出来事運動↓②物質性↓③精神性↓④神性が示され、ハルトマンでは、①物質↓②生命↓③心↓④精神となっている。

これらの階層論においては、これが価値の階層にもなっていて、これらの価値は主観にではなく、客観に存在する、ということでは一致している。ただ、何を最高価値とするかは論者によって異なる。ヘーゲルとアレクサンダーにあっては、絶対精神や神性が最高の価値あるものであるのに対して、エンゲルスにあっては物質が最高価値であろうし、ハルトマンにあってもその傾向が強い。

この価値客観説は正しいであろうか。彼等の示したある項目の存在を証明できるのであろうか。例えば、ヘーゲルの⑤主観的精神、⑥客観的精神、⑦絶対的精神、アレグザンダーの④神性など。階層順位の設定は正しいのであろうか。それはどうやって証明できるのか。

これらの論者は客観の在り方を説明するのが哲学だとする客観主義者である。それであればこそ、存在階層論を展開し、その最高位を最も価値あるものと見なすのである。これは第3章第5節「自然主義の否定」で考察した、「自然主義のファラシー」を犯すものである。本章第4節「事実と価値の二元論」で考察したことを何ら考慮していない暴論である。

5. 価値主観説

それに対して、価値の絶対性を主張するのは同じだが、価値は主観的である、とする学者もいる。イマニュエル・カントやエトムント・フッサールにおいては、真理や価値の獲得における主観性を肯定する。我々の認識装置がアプリオリであるゆえに、我々は統一認識像を確立し、同様に統一価値観を得ることができる、とする。

このことから、カントは普遍的な三つの道徳律を提示するとともに、最高価値として人格を提唱した（人格の最高価値については、第6節「最高価値は人格」参照）。プラグマティズムも有用性の観点から、絶対的真理、絶対的価値を仮定した方が、それらを仮定しない相対主義のままでいるよりもベターである、とする。

この立場では、哲学上で絶対主義を言っているのであって、政治上ではその絶対主義である独裁主義を主張するのではない。各人の平等的立場での民主主義を支持する。文化上においても、各民族の平等的立場を承認する。絶対主義は哲学においてのみであって、哲学のその立場と政治上ならびに文化上のいわば相対主義的立場は両立する、と考える。

Ⅵ　最高価値は人格

本章の第４節は「事実と価値の二元論」であり、第５節は「価値の問題状況」であった。そして第６節は「最高価値は人格」となる。我々として自然な流れである。本節では、価値絶対主義のうち、価値主観説の代表たるカント理論の流れを汲む、人格主義の理論を記すことになる。人格主義においても、論者によって多少の違いがあるので、本書では河合栄治郎の人格主義思想を記すことになる。元になるのは『学生に与う』である。

1．人格とは

人間は古代から、宗教、哲学、科学に拘ってきた。他に道徳、芸術がある。これら宗教、哲学、科学、道徳、芸術と向き合う人間の側面は「自我」(self, Ich, ego) と呼ばれる。青年期における「自我の自覚」(self-consciousness) がなければ、これらは真っ当にはなしえない。

何者にも現実と理想というものがある。自我においても、現実の自我と理想の自我がある。この理想の自我を「人格」(Personality, Persönlichkeit) と呼ぶ。この人格は哲学、科学、道徳、芸術での理想を体現しているので、人格とは真、善、美の調和統一した主体である。それであるので、人格とは「最高善」(the highest good, das höchste Gute, summunm bonum) である。

実際の我々の自我は、真では最高度に達しているが、善と美においては逆に劣っているとか、善においてはピカイチだが、真と美では人並み程度、といった具合に、各人各様である。これは「個性」(individuality) あるいは「性格」(character) というものである。人格とは各個性を一段上にする包括概念である。

現実の自我はそのように欠点があったり問題含めだったりするが、その理想たる人格になるべく努力することになる。そのように努力する限りにおいて、その到達途中にある自我も人格と呼ばれることもある。また、そのように努力することを「人格育成」「人格成長」「人格陶冶《とうや》」「人格完成」「人格実現」「人間形成」と言う。

その人格実現のために努力する過程で、我々は他の物やことなどを手段として利用することがある。この場合に利用される物やことを「物件」(Sache) と言う。そして、人格完成のためにそれらを利用することは許されるが、利用することによって、自己の地位を上げるとか、財産を殖やすとか、女性を獲得するとか、は許されない。利用が許されるのは、唯一人格陶冶においてのみである。

利用する中には他人もありうる。現実生活において、人は人と多くの関係を持っていて、ある場合には人を利用し、他の場合には人に利用されたりする。これは現実生活において否定できない側面なので、それを認めつつも、人格そのものに敬意を払うように要求する。このことを端的に表しているのが、第5章第2節でのカントの道徳律第2原理である。再度読んでいただきたい。この人格を最高原理とする思想が「人格主義」(personalism) である。

2. 人格が最高価値であるとの証明

我々の立場では、人格が最高価値であるが、その証明はいかにしてできるであろうか。人格主義を主張した、イマヌエル・カント、テオドール・リップス、T・H・グリーン、阿部次郎、河合栄治郎ともに、自然科学における同様な意味での証明はしていない。と言うより、問題の性質上、そのことはできないのである。この問題は哲学の問題であり、仮説、実験、観察、記録、説明といった手続きを経る問題ではない。

逆に、人格以外の他のものが何故に最高価値でないのか、の説明はできる。立身出世する、金持ちになる、幸福になる、などが最高価値かと言うに、その認識をしその主張をするには、我々の理性による判断により行っている。ということは理性の活動を条件としている。あるものを条件とするならば、無条件ではないということであり、最高価値とは言えない。けだし最高価値とは無条件のものだからである。人格とは真、善、美を統括するのであるから、理性の活動そのものであるのである。

人類はかつては何を最高価値としていたのであろうか。王墓や神殿や古い書籍などから、そのことは明らかとなる。古代から中世にかけては、①最初期には、武器や装飾品がそうであった。②次いで、関心は外的世界に移って、容貌の美しさ、肉体の強さとなった。③次いでは、関心は内的世界に移って、勇気、節制、正義、敬虔などの徳となった。④その流れの中から、ソクラテスによる「己自ら」つまり「魂」（プシュケ）の発見となった。ただ、それは道徳的活動主体としての魂としての制限つきのものであった。

近代以降においては、なんと言っても、⑤ルネサンスでの「人間の発見」（Entdeckung des Menschen）が大きかった。ここにおいて、芸術的側面が第一に突出開花したが、平行して道徳的側面、知識的側面も開花することになった。⑥十八世紀末にカントが知識、道徳、芸術のそれぞれの意義と限界を明らかにして、それらが人間の各々の側面であり、それを統一するのが人格であることを説明した。このカントの活動は、その著作からして明らかである。つまり、『純粋理性批判』（1781）で知識的活動を、『実践理性批判』（1788）で道徳的活動を、『判断力批判』（1790）で芸術的活動を、それぞれ取り扱った。

河合栄治郎は言う。「彼（カント）においても人格はなお道徳的の面に限局されている嫌いはあった。しかし彼ほど人格の最高価値たることを力説し、彼ほど知識、道徳、芸術の各々の存在価値を認めて、やがてそれらの統一総合される主体にまで道を開いた者はない」。

３．人格に至る道＝「教養」

人格主義の主張は単に人格が最高価値であることを主張するだけではない。現実の自我が人格になるために「教養」（culture, Bildung）を積むことを要求する。この「教養」とは時間のある人がある知識を得ようとすることや、芸術品の鑑賞を重ねるとか、あれやこれやと漁ることではない。それとは反対の、それこそ身も焦がすような、真剣なる、自己自身との格闘のことである。

このようなことを人格主義者はいろいろに表現した。ウィルヘルム・フォン・フムボルトは言った。「人間の目的、すなわち漠然たる刹那の欲望によるにあらずして、永遠不易の理性の命ずる目的は各人の能力をして完全無欠の一体として、最も高度にして、また最も円満なる発達をなさしめるにある」と。

この言葉を引用したジョン・スチュアート・ミルは『自由論』の中で言う。「およそ人の作れるもののうち、これを完成し美化せしめんがためにこそ、人生が費やされるべきもののうち、その重要さにおいて最初に来たるべきものは、確かに人間彼自身である」。

また、河合栄治郎は言う。「フィヒテやナトルプが教育を定義した言葉は、これを他動詞から自動詞に変えるなら、そのままに教養の定義となる。すなわち「人間を彼自身たらしむること」であり、「人格を陶冶《とうや》すること」である。T・H・グリーンはこれを「自我を実現する」と言い、また「人格または自我の成長」と言った」。

これらの言葉の中から、教養の何たるかが見えてくる。教育には主体と客体があり、教師が主体であり、学生が客体であることは当然であるが、ここでは主体と客体は異なっている。それに対して、教養においては、主体も客体も自我である。河合栄治郎はうまいことを言っている。「自我が自我を客体として、理想の自我たらしめるのである。ここに自我を巡る三重奏がある」。河合によると、教養によって、「ある」（存在）のでもなく、「する」（行為）のでもなく、「なる」のである。

ここで「なる」ことのできるのは、人格陶冶せんとする自我のみである。他の者がその代理をすることもできないし、教師が教導することはできるが、自我にその気がなければ、それをもなしえない。このことから、ソクラテスはこの教師の役目を助産婦に擬《なぞら》えたのである。

４．人格陶冶を助けるもの

人間には二つの側面がある。一つは生身の人間、欲望渦巻く人間としての側面であり、「Person」で表される。もう一つは人格たりえようとする側面であり、「Menschheit」で表される。これを捉えて、カントは、前者の面では「なるほど人間は非神性なものではある」とし、後者の面では「彼の中にある人そのものは神聖でなければならない」とした。ここから人格陶冶に邁進する「自己に敬意」（Selbstachtung、自敬）を払わなければならないし、「他人にも敬意」（Achtung、他敬）を払わねばならない、とした。

ここから共同体や社会における人間間の在り方の問題となる。人間どおしが「他敬」をもって接することは言うまでもないが、「補完」（ergänzen）ということがある。「補完」とは補って完璧にすることであるが、社会においては相互に「補完」するのである。自己の欠陥を他人が補い、他人の欠陥を自己が補う。あるいは自己の過ぎたることを他人に与え、他人の過ぎたることを自己にもらうのである。

「補完」の形態にはいろいろのものがある。自我そのもので結ばれる夫婦、親子、師弟、友人、恋人などでは、その間には特殊愛が生じるし、その仲を強固にする。そうではない一般人間にあっては、互いの職業によって、主として物資、金品のやり取りで、社会を潤すこととなる。地域社会においては、同じ地域に住む者どおしの、共通利害を共有することになり、同胞愛を生じることになる。

いずれの場合でも、「補完」においては、各人の人格陶冶への直接の協力に結びつくことは少なく、逆に人が他人の人格陶冶への道を後押しすることになる。ここにおいては、人は他人の手段となっているのである。社会はそれの相互のやり取りの場なのである。このことは重要であり、このことを洞察してのカントの道徳律の第2原理なのである。一般に、人を手段としては扱ってはならないが、特殊の場合には、人を手段とすることも許される、ということである。

5．人格主義の歴史

古代において最初に「人格」を意識、発見したのはソクラテスである。中世では、ボエティウスやトマス・アクィナスがキリスト教の人格的な神の概念の下、人格の尊重を唱えたが、時代の本流とはならなかった。それが一挙に開花し始めたのはルネサンスからであった。ルネサンスで「人間の発見」（人間の自由、現実の肯定、世俗の肯定）があり、そこから生活上は「我の自覚」「個性の尊重」がなされ、「個人主義」が醸成され、その政治上の表現は「自由」「平等」「民主主義」となり、哲学上の表現は「人格主義」となっていくのである。

近代哲学で最初にそれを打ち出したのは「我思う、ゆえに我あり」のルネ・デカルトであった。デカルトのそのテーゼは、幾種もの主張を含意するものであったが、「我の尊重」を唱える

第１７図　カントの人格構成概念

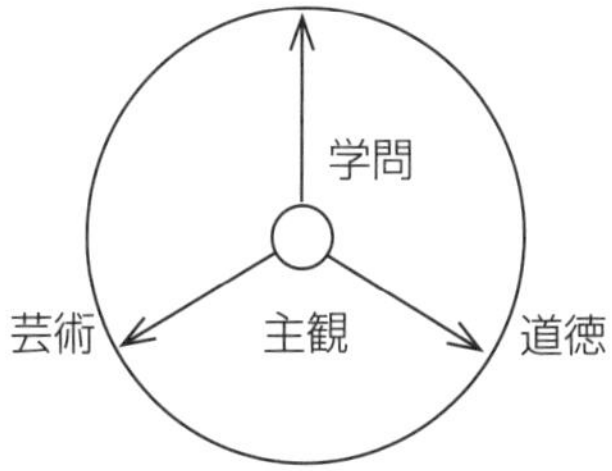

（注）円周は外界　カントと河合栄治郎による

ものでもあった。近世哲学において、「人格主義」を最初に表明し、その基礎を築いたのはイマヌエル・カントである。

カントは『道徳形而上学原論』(1785) において、「人格の尊厳」を打ち出した。そこから人格は単に手段としてではなく、目的として扱われなければならない、とする有名な原理を導出する。「汝の人格およびあらゆる他の人格における人間性を、常に同時に、目的として取扱い、決して単に手段として取り扱わぬように、行為せよ」がそれである。具体的道徳律が第一原理ならば、これは第二原理なのである。カントは「人格」と「人格性」を区別する。前者はあるべき人格になるべく努力している人格であり、後者はあるべき人格、目標としての人格である。カントは学問、道徳、芸術の総合として「人格」を捉えた。カントの人格概念図は第17図のとおりである。

カントの人格主義を継承してそれを発展させたのは、イギリスにおいては「イギリス理想主義」であり、その代表はトーマス・ヒル・グリーン『倫理学序説』(*Prolegomena to Ethics*,1883) である。ドイツにおける継承者はテオドール・リップス『倫理学概論』(*Die ethischen Grundfragen*, 1899)である。フランスにおいては、「フランス人格主義」であり、その代表はシャルル・ルヌーヴィエ『人格主義』(*Le Personnalisme*, 1903)、エマニュエル・ムーニエ『人格主義』(*Qu'est-ce que le personnalisme?*, 1949)である。

日本において、人格主義を初めて体系的に論じたのは阿部次郎『人格主義』(1922)であるが、それを発展させて、哲学、社会思想、教養までを体系化したのは河合栄治郎『学生に与う』(1940)である。

6. 人格主義の意味するもの

人格主義の意味するところは、四つある。①人格の向上に努力する。具体的には、ⅰ「現にある人格」を種々に努力して、ⅲ「あるべき人格」にまで高める。ここにその中間として、高きを目指しているⅱ「現在進行形の人格」がある。ここに、ⅰからⅱに移らなければならないと悟ることを自覚と言い、不断の努力によってⅱからⅲの状態にまで高めることを人格陶冶、人格向上、人間形成、教養と言う。ここに人格主義は「教養主義」につながる。

②「人格向上」との関連から善悪判断する。まず「最高善」たる人格があり、次いで個々の場面で人格を高めるための行為が善である、との道徳判断があり、判断基準は階層構造となってい

る。③社会運動、社会制度において人格を尊重する。そこから各人格の自由なる行動（自由主義）、各人格の平等の取扱い（平等主義）、「人命尊重」などが帰結する。④「人格向上」を教育の第一目標とする。現今のほとんどの学校は学問や技術などを教えるが、その場合も平行して人格向上を目指す教育を施さなければならない。

終章　哲学の学問性　――主観主義の真理性

1．哲学説淘汰の基準はないのか

まず、ここで問題とするのは、A自己の思想としての哲学であって、B哲学史上の個々の哲学者の説について検討する哲学ではない。しかしA自己の思想を持つためには、B哲学史上の個々の哲学者の説を押さえておくことは、当然必要である。

日本では、特に大学の哲学研究では、哲学と言えばBを指し、Aについては学外で勝手にやってくれ、との扱いである。そうなっているのも、Bにおいては個々の哲学者の著作とそれを研究する研究者の論文との間で、いかに原著作者の思想を正しく伝えているかで、もちろん現実には解釈の違いからそう簡単ではないが、正しいか正しくないかの決着が着くわけである。つまりBは哲学史という歴史学であるから、歴史学として真偽の決着が着く学問である。

Aについては学外で勝手にやってくれ、とはそれだけAについては、真偽決着の着かない、言った者勝ちの野戦場である、ということである。こういった領域は学問としては成り立たないのであろうか。第1章第2節「宗教と哲学の比較」での竹田青嗣、苫野一徳の哲学モデル「哲学のテーブル」では、時間の経過とともに、普遍的な理論が生き残っていくとしているが、理論淘汰を決める絶対基準はない、としているようだ。

しかしこれでは、現代哲学研究者の多くに指示されている学説が哲学的真理、ということになってしまう。科学においては、そういう基準でもよい。科学においては、最新の学説が真理だ、ということはほぼ正しいだろう。哲学ではそうではないはずである。河合栄治郎はこう言っている。つまり、「よく最近の哲学を云々する人があるけれども、哲学は科学と違って、最近が最良ではない。単に知識を漁るためならばともかくも、むやみに最近を云々するのは、浅ましくもあり、はしたないとも思う」。

2. 議論の理論的形式上の条件

哲学淘汰の理論的基準はないのか。学問としての哲学が成り立つ条件は二つある。一つは「理論的形式の条件」である。その中身はまず、①第3章第2節「形而上学の否定」で取り扱われている、2「カントによる否定」、3「論理実証主義による否定」、4「批判的合理主義による否定」に該当しないことである。

2「カントによる否定」の対象とする議論とは、相対立する二つの主張がともに成立しないか、ともに成立するか、のどちらかであって、決着が着かない議論のことである。決着が着かないので、形而上学であって、学問としての哲学ではないのである。カントが声を大にして訴えても、それ以降この禁を犯す哲学者が後を絶たない。

3「論理実証主義による否定」の対象となる議論とは、分析命題でもなく、総合命題でもない、無意味な命題で構成される議論、つまり形而上学のことである。4「批判的合理主義による否定」の対象となる議論とは、「空虚な公式のファァラシー」「統一のファァラシー」を犯す議論である。

特に、「空虚な公式のファァラシー」とは、エルンスト・トーピッチュが、カール・ポパーの「反証可能性」原理をもとに、「空虚公式」として定式化したものである。その中身は、常に成り立つような理論は情報内容空虚であり、反証可能性ゼロであり、理論生産性は低く、それがゆえにイデオロギー的には威力を発揮する、というものである（第3章第2節「形而上学の否定」の中4「批判的合理主義による否定」参照）。そして空虚理論の文章は曖昧で、不明晰、不明瞭である。哲学が学問であるためには、どうやっても成り立つような議論構成（空虚理論）になっていない、ことが必要である。ここからは、自然法論、ヘーゲルやマルクスの弁証法、フロイト理論などはアウト、ということになる。

次に、②第3章第4節「擬人的宇宙観の否定」で取り扱われている、「説得力優先のファァラシー」「本質主義のファァラシー」「目的論的宇宙観のファァラシー」や、第3章第5節で扱われている「自然主義のファァラシー」に該当しないことである。各ファァラシーについては、第3章の該当箇所の確認を願う。ただし、これらのファァラシーは我々から見れば、ファァラシーではあるが、彼等客観主義者にとってはファァラーシーではない。たとえこれらがファァラシーでなかったとしても、学の形態としては形而上学であることには変わりがない。したがって、これらファァラシーを犯すことは学問としての哲学ではないのである。

3. 文章・命題からの条件

次に、もう一つの条件である「文章・命題からの条件」を検討する。その第一は「文章は明瞭」でなければならないことである。これはある哲学者が問いを立てその解答を与えて、他の多くの哲学者がそれを了とすることによって、その解が（暫定的ではあるが）真理である、ことになる。経験科学では万人が共有する実験結果によって真理と認定されるが、哲学ではそれに代わるのは、一つは複数者の賛同である（そのために哲学論文、哲学書はある）。そうであるならば、あることが真理であると主張する論文は、誰でも分かる（少なくとも哲学者間で分かる）文章で構成されていなくてはならない。このことは竹田青嗣、苫野一徳の哲学モデルから当然に出てくるものである。

つまり、一文章、一文章が難渋、難解ではなく、明晰、明瞭である、ことが必要である。深みがあるが難解、難解であるがゆえに深淵、と思わせる文章は、実は曖昧で、不明晰、不明瞭であり、アウトなのだ。ここからは、ヘーゲル、ハイデッガー、西田哲学はアウトである。

第二の条件は文章の種類ごとに明晰かどうか、ということである。哲学文章の展開においては、分析命題や総合命題も登場するが、キー・センテンスとなるのは、ほとんど「分析命題でもなく総合命題でもない文章」である。そういう文章が意味あるかどうかのチェックが必要である。

これらの文章を分類すれば、次のとおりである。a「感情表現文章」、b「意志・意向表現文章」、c「価値判断表現文章」、d「文芸的文章」（小説、詩など）、e「自分だけに意味を有する文章」、f「形而上学・哲学的文章」となる。哲学論文では、a～eの文章、特にe「自分だけに意味を有する文章」を排除しなければならない。このe「自分だけに意味を有する文章」を多用しているのが、ヘーゲル、ハイデガー、実存主義、西田哲学などである。ここから、ヘーゲル、ハイデガー、実存主義、西田哲学はアウトである。

f「形而上学・哲学的文章」を検討しよう。それには哲学の分野ごとに検討するのが一番である。まずはi「存在論の命題」である。その中でも、A「存在の質・量論」「心身問題」については、カントが200年以上も前に解明したごとく（「純粋理性の二律背反」）、永遠に決着のつかない問題である。つまりはこの種の存在論は学問ではありえない。つまりは神が存在するとかしないとか、存在の根本は精神であるとか物質であるとか、は学問上ではなく、宗教上のテーゼなのである。

B存在論のうち、「変動原因論」「存在階層論」については、将来は科学の発達で決着が着くかもしれないが、それは哲学の問題ではなく、科学の問題である。ここから言えることは、存在論の命題は理論的決着が着かない形而上学であり、哲学から排除すべきである。

次いで、ii「認識論の命題」についてである。この分野においては、論争的要素は残るが、理論的には基本的に決着が着く問題であり、したがって哲学として残る分野である。iii「価値論の命題」についても同様である。したがって学問としての哲学が成り立つのは認識論と価値論だけである。つまりは、認識論と価値論について、上段で指摘した理論的形式を備えておれば、哲学は学問として十分に機能するのである。

なお、ポストモダンのフランス哲学のほとんどは、存在論でも認識論でも価値論でもないので、単なる個人的ビリーフを表明しているだけで、哲学でない、したがって学問でない、のは言うまでもない。フランス形而上学と言うべきである。

4、主観主義の真理性

以上検討したごとく、客観主義の哲学、存在論を展開する哲学は、真偽の言えない形而上学であり、学問としての哲学としては、ありえない。学問としての哲学として残るのは、主観主義の哲学、認識論、価値論を展開する哲学のみである。

あとがき

私は河合栄治郎の『学生に与う』で哲学に開眼した。学生時代に8回通読した。春夏の休みに1回ずつ精読したのである。それだけ激しく心を揺さぶられたのである。哲学的思考とはこういうものか、と初めて思い知らされた。そして大学卒業後もそれに拘り続け、勤務の傍ら、自己の哲学を構築することとなった。ここからは人格主義、教養主義が導かれた。

もう一つ心引かれたのは碧海純一『合理主義の復権——反時代的考察』であった。ここからはバートランド・ラッセル、カール・ポパーの思想に親しみ、分析哲学にも興味を持つこととなった。ここからは合理主義が導かれた。

ここから大学卒業後、ビジネスに携わる身でありながら、余暇に上記の二系列につらなる哲学研究を続け、35歳のとき、1989年、処女作『客観主義と主観主義——哲学の根本問題』を上梓した。わずか100部の自費出版であった。そのとき、ビジネス界にあって、学問研究する例として、新聞や雑誌にも採り上げられたりもした。

それ以降は哲学以外の分野での出版に拘ったりしたので、哲学の本としては、『客観主義と主観主義』の他には、『哲学問題入門——分かりやすい哲学概論』（1989）がある。この他、河合栄治郎についての本を2冊書いているが、これを哲学の本とすると、計4冊である。

しかし、純粋哲学としては、今回が3冊目である。第1冊目は客観主義と主観主義の観点から、それが哲学の根本問題で、哲学の考え方としては主観主義が正しいことを訴えた。だから本書の基本の発想はそのとき、今から約30年前からのものである。この書は「私の哲学」を展開したものであった。第2冊目は分かりやすい哲学概論書を目指したもので、「私の哲学」ではなく、一般的な哲学書であった。第3冊目の本書は第1冊目的な立場に戻り、「私の哲学」の展開を図るものである。

「私の哲学」として、本書は第1冊目とはどのように違うのか。どのように発展しているのか。客観主義と主観主義を哲学の根本問題にしているところは変わっていない。70歳を超えた今、第1冊目の荒削りを修正し、科学論や道徳論や価値論での最新学説をも採り入れ、「私の哲学」を確立し、それを出版し、世間の評価を仰ぎたい、という気持ちが強くなったのである。

70歳を過ぎれば、哲学的な思考能力は低下する。その思考能力が低下してしまわないうちに、なんとかしなければ、という思いが本年になって強くなった。実際、70歳を過ぎてから、睡眠中枢が完全にやられたのか、一日中眠い情況になったりした。ケアレスミスやちょんぼが多くなった。あることを調べるのにある本を読書すると、自然と寝てしまう、ということも多くなった。

こういうことからも、現在抱いている哲学についての思いを、原稿に吐き出そう、として筆を執った次第である。

本年5月から著作に取りかかったが、資料収集や構想に手間取り、実際に執筆を開始したのは6月に入ってからであった。今までの経験から、資料や題材が揃っている場合、執筆は2・3カ月で終わるはずであった。だから8月初めには終わっているはずであった。8月の暑さの中の執筆は避けたかった。今まで研究や検討していなかった難問が2・3残った。暑い8月の中、これに取り組まねばならないことは難儀なことであった。

一部においては、前著の中からコピーさせてもらった箇所もある。上記健康上の困難からの対応ということもあるし、同じことを説明するとなると、自然に同じ表現になることもあった。

客観主義批判の中では、弁証法批判もその記載対象ではあるが、今回は敢えて記述対象から外した。ソ連の崩壊後、マルクス主義も退潮を重ね、弁証法そのものも哲学上話題となることもなくなっていたからである。私としては、処女作『客観主義と主観主義』において、弁証法批判のために一節を設けて、9頁にわたたって徹底批判していた。

カール・ポパーの『開かれた社会とその敵ども』や『歴史主義の貧困』の理論をもっと大々的に取り上げるべきだ、との声があろうかとは思うが、本書は社会哲学ではなく、純粋哲学なので、この分野に関わる部分のみを取り上げることにせざるをえなかった。

参考文献としては、西洋書の場合、読者の便宜を考えて、翻訳書を挙げることとし、同一書で複数の翻訳書がある場合、できるだけ全文の翻訳あるもの、熟れた翻訳と思われるもの、解説など総合で良いと思われるもの、入手しやすいもの、を表記するようにした。また、記載順としては、翻訳書の場合、著者の生年順、原著作成立順とし、和書の場合、著者のあいうえお順にした。パースとアレクサンダーについては、該当箇所での翻訳書はないので、不掲載とした。ただし、パースについては、原書で確認していることを記しておく。

目標とする8月末までに、原稿をフィックスすることができた。積年の思いを実現させ、やれやれという感じである。

2020年8月29日

著者記す

泉谷周三郎『ヒューム』人と思想、清水書院、1988年
加藤尚武『現代倫理学入門』講談社学術文庫、1997年
門脇俊介『現代哲学』産業図書、1996年
河合栄治郎『学生に与う』河合栄治郎全集⑭、社会思想社、1978年
河合栄治郎（河合栄治郎研究会編、川西重忠、西谷英昭訳）『現代版・学生に与う』桜美林大学北東アジア総合研究所、2014年
城戸淳「自由と行為」麻生博之、城戸淳編『哲学の問題群——もういちど考えてみること』ナカニシヤ出版、2006年
黒田亘『行為と規範』勁草書房、1992年
新田孝彦『入門講義・倫理学の視座』世界思想社、2000年
本多修郎『図説現代哲学入門』理想社、1968年
山岡悦郎『哲学的探求——パラドックスの分析から価値論へ』晃洋書房、1998年
山田孝雄『新訂倫理学概説』大明堂、1960年
行安茂、藤原保信編『T・H・グリーン研究』イギリス思想研究叢書⑩、お茶の水書房、1982年
吉賀正浩『倫理学入門』東海大学出版会、1976年
和佐谷維昭『価値哲学序説』渓水社、1978年

学の方法』講談社学術文庫、1994年
マックス・ヴェーバー（富永祐治、立野保男訳、折原浩補訳）『社会科学と社会政策にかかわる認識の「客観性」』岩波文庫、1998年
マックス・ヴェーバー（木本幸造監訳）『社会学・経済学の「価値自由」の意味』日本評論社、1972年
G・E・ムーアー（深谷昭三訳）『倫理学』法政大学出版局、1977年
ハンス・ケルゼン（西島芳二訳）『デモクラシーの本質と価値』岩波文庫、1958年
ハンス・ケルゼン（古市恵太郎訳）『民主政治の真偽を分かつもの――デモクラシーの基礎』理想社、1974年
ニコライ・ハルトマン（熊谷正憲訳）『存在論の新しい道』協同出版、1976年
カール・ポパー（森博訳）『客観的知識――進化論的アプローチ』木鐸社、1974年

青木育志『河合栄治郎の社会思想体系――マルクス主義とファシズムを超えて』春風社、2011年
青木育志『教養主義者・河合栄治郎』春風社、2012年
青木育志『哲学問題入門――分かりやすい哲学概論』桜美林大学北東アジア総合研究所、2016年
碧海純一『合理主義の復権――反時代的考察』木鐸社、1973年
阿部次郎『倫理学の根本問題』角川文庫、1951年
阿部次郎『人格主義』角川文庫、1954年
阿部次郎『人格主義、人格主義の思潮』阿部次郎全集⑥、角川書店、1961年

鶴見俊輔『新装版・アメリカ哲学』講談社学術文庫、1986年
藤井聡『プラグマティズムの作法――閉塞感を打ち破る思考の習慣』技術評論社、2012年
野家啓一『科学哲学への招待』ちくま学芸文庫、2015年
野村恭史「知識と言語」麻生博之、城戸淳編『哲学の問題群――もういちど考えてみること』ナカニシヤ出版、2006年
本多修郎『図説現代哲学入門』理想社、1968年
本多修郎『図説科学概論』理想社、1968年

第5章

デイヴィッド・ヒューム（大槻春彦訳）『人性論』④、岩波文庫、1952年
イマヌエル・カント（中山元訳）『純粋理性批判』①～⑦、光文社古典新訳文庫、2010-12年
イマヌエル・カント（中山元訳）『道徳形而上学の基礎づけ』光文社古典新訳文庫、2012年
イマヌエル・カント（中山元訳）『実践理性批判』①②、光文社古典新訳文庫、2013年
イマヌエル・カント（白井成允、小倉貞秀訳）『道徳哲学』岩波文庫、1954年
G・W・F・ヘーゲル（樫山欽四郎ほか訳）『ヘーゲル・エンツィクロペディ』世界の大思想②-3、河出書房新社、1968年
フリードリッヒ・エンゲルス（寺沢恒信訳）『自然弁証法』上下、国民文庫、1954年
テオドール・リップス（鬼頭英一訳）『倫理学の根本問題十講』哲学名著叢書、春秋社、1936年
マックス・ヴェーバー（祇園寺信彦、祇園寺則夫訳）『社会科

2001年
池内了『科学の限界』ちくま新書、2012年
市井三郎「“現代科学思想”概説」『現代科学思想』世界思想教養全集⑯、河出書房新社、1964年
伊藤邦武『パースのプラグマティズム』勁草書房、1985年
上山春平『弁証法の系譜――マルクス主義とプラグマティズム』未来社、1963年
魚津郁夫『プラグマティズムの思想』ちくま学芸文庫、2006年
岡田雅勝『パース』人と思想146、清水書院、1998年
小川仁志『アメリカを動かす思想――プラグマティズム入門』講談社現代新書、2012年
門脇俊介『現代哲学』産業図書、1996年
金森修『科学の危機』集英社新書、2015年
河合栄治郎『学生に与う』河合栄治郎全集⑭、社会思想社、1978年
河合栄治郎（河合栄治郎研究会編、川西重忠、西谷英昭訳）『現代版・学生に与う』桜美林大学北東アジア総合研究所、2014年
河村仁也『ポパー』人と思想、清水書院、1990年
久保陽一「経験論」『哲学思想の歴史』公論社、1982年
小河原誠『ポパー』現代思想の冒険者たち⑭、講談社、1997年
桜井邦朋『宇宙には意志がある――ついに現代物理学は、ここまで解明した』クレスト選書、1995年
柴谷篤弘『あなたにとって科学とは何か――市民のための科学批判』みすず書房、1977年
G・シュルテ（針生清人監訳）『哲学のまなざし――認識論入門』富士書店、1991年

文社古典新訳文庫、2010-12 年
ピエール・ラプラス（内井惣七訳）『確率の哲学的試論』岩波文庫、1997 年
アウグスト・コント（霧生和夫訳）「実証精神論」『コント、スペンサー』世界の名著㊱、中央公論社、1970 年
Ｊ・Ｓ・ミル（江口聡、佐々木憲介編訳）『論理学体系④』近代社会思想コレクション㉘、京都大学学術出版会、2020 年
クロード・ベルナール（三浦岱栄訳）『実験医学序説』岩波文庫、1970 年
アンリ・ポアンカレ（河野伊三郎訳）『科学と仮説』岩波文庫、1989 年
ヴィルヘルム・オストヴァルト（都築洋次郎訳）『化学の学校』上中下、岩波文庫、上 1979 年、中 1978 年、下 1979 年
エルンスト・マッハ（広松渉編訳）『認識の分析』叢書ウニベルシタス、2002 年
ジョン・デューイ（植田清次訳）『思考の方法』春秋社、1950 年
ジョン・デューイ（河村望訳）『行動の論理学——探求の理論』人間の科学新社、2013 年
カール・ポパー（大内義一、森博訳）『科学的発見の論理』上下、恒星社厚生閣、1971 年
ハンス・ライヘンバッハ（市井三郎訳）『科学哲学の形成』みすず書房、1954 年

青木育志『教養主義者・河合栄治郎』春風社、2012 年
青木育志『哲学問題入門——分かりやすい哲学概論』桜美林大学北東アジア総合研究所、2016 年
有馬道子『パースの思想——記号論と認知言語学』岩波書店、

浅井茂紀『哲学の原理——実在と認識』高文堂出版社、1985年
泉谷周三郎『ヒューム』イギリス思想叢書⑤、研究社出版、1996年
市井三郎「解説・科学の哲学」市井三郎編『科学の哲学』現代人の思想⑳、平凡社、1968年
市井三郎『ラッセル』人類の智的遺産66、講談社、1980年
岡本裕一朗『いま世界の哲学者が考えていること』ダイヤモンド社、2016年
竹田青嗣『中学生からの哲学「超」入門——自分の意志を持つこと』ちくまプリマー新書、2009年
中山元「解説」カント（中山元訳）『純粋理性批判』①、光文社古典新訳文庫、2010年
西研『大人のための哲学授業』大和書房、2002年
野田又夫『西洋哲学史——ルネサンスから現代まで』ミネルヴァ書房、1965年
野村博『ラッセルの社会思想』法律文化社、1974年
本多修郎『図説現代哲学入門』理想社、1968年
本多修郎『図説科学概論』理想社、1968年
山下正男『新しい哲学——前科学時代の哲学から科学時代の哲学へ』培風館、1966年

第4章

フランシス・ベーコン（服部英次郎訳）「ノヴム・オルガヌム」『ベーコン』世界の大思想⑥、河出書房新社、1970年
デイヴィッド・ヒューム（大槻春彦訳）『人性論』①②、岩波文庫、① 1948年、② 1949年
イマヌエル・カント（中山元訳）『純粋理性批判』①〜⑦、光

マンソサエティ――倫理学から政治学へ』玉川大学出版部、1981年
カール・ポパー（大内義一、森博訳）『科学的発見の論理』上下、恒星社厚生閣、1971年
カール・ポパー（内田詔夫、小河原誠訳）『開かれた社会とその論』上下、未来社、1980年
カール・ポパー（久野収、市井三郎訳）『歴史主義の貧困――社会科学の方法と実践』中央公論社、1961年
カール・ポパー、ハンス・アルバート、エルンスト・トーピッチュ（碧海純一、浜井修、長尾龍一、小西正樹、黒田東彦訳）『批判的合理主義』現代思想⑥、ダイヤモンド社、1974年
トーピッチュ（長尾龍一訳）「空虚な定式について――哲学用語および政治学用語の語用論」『批判的合理主義』現代思想⑥、ダイヤモンド社、1974年
スティーヴン・J・グールド（狩野秀之、古谷圭一、新妻昭夫訳）『神と科学は共存できるか？』日経ＢＰ社、2007年
ダニエル・C・デネット（阿部文彦訳）『解明される宗教――進化論的アプローチ』青土社、2010年
リチャード・ドーキンス（垂水雄二訳）『神は妄想である――宗教との決別』早川書房、2007年
A・E・マクグラス、J・C・マクグラス（杉岡良彦訳）『神は妄想か？――無神論原理主義とドーキンスによる神の否定』教文館、2012年

青木育志『客観主義と主観主義――哲学の根本問題』青木育志、1989年
碧海純一『合理主義の復権――反時代的考察』木鐸社、1973年

第3章

デイヴィッド・ヒューム（犬塚元訳）『自然宗教をめぐる対話』岩波文庫、2020年
イマヌエル・カント（中山元訳）『純粋理性批判』①〜⑦、光文社古典新訳文庫、2010-12年
ルートヴィッヒ・フォイエルバッハ（船山信一訳）『キリスト教の本質』上下、岩波文庫、上1951年、下1939年
フリードッリッヒ・ニーチェ（手塚富雄訳）『ニーチェ・ツァラトゥストラ』世界の名著㊻、中央公論社、1977年
フリードッリッヒ・ニーチェ（適菜収訳）『キリスト教は邪教です！』講談社+α新書、2005年
北山修編『現代フロイト読本』②、みすず書房、2008年
マックス・ヴェーバー（富永祐治、立野保男訳、折原浩補訳）『社会科学と社会政策にかかわる認識の「客観性」』岩波文庫、1998年
マックス・ヴェーバー（木本幸造監訳）『社会学・経済学の「価値自由」の意味』日本評論社、1972年
ハンス・ケルゼン（長尾龍一訳）『神と国家――イデオロギー批判論文集』有斐閣、1971年
ハンス・ケルゼン（長尾龍一訳）『神話と宗教』ハンス・ケルゼン著作集⑥、慈学社、2011年
バートランド・ラッセル（大竹勝訳）『宗教は必要か』荒地出版社、1968年
バートランド・ラッセル（津田元一郎訳）『宗教から科学へ』荒地出版社、1969年
バートランド・ラッセル（勝部真長、長谷川鑛平訳）『ヒュー

参考文献

第1章

宇都宮輝夫『宗教の見方』勁草書房、2012年

河合栄治郎『学生に与う』河合栄治郎全集⑭、社会思想社、1978年

河合栄治郎（川西重忠編、西谷英昭辺訳）『現代版・学生に与う』桜美林大学北東アジア総合研究所、2014年

竹田青嗣『中学生からの「超」入門――自分の意志を持つこと』ちくまプリマー新書、2009年

苫野一徳『はじめての哲学的思考』ちくまプリマー新書、2017年

量義治『市民のための哲学入門――神・人間・世界の再構築』理想社、2000年

第2章

青木育志『客観主義と主観主義――哲学の根本問題』青木育志、1989年

ナイジェル・ウォーバートン（栗原泉訳）『哲学の基礎』講談社、2010年

桂寿一『哲学概説』東京大学出版会、1965年

門脇俊介『現代哲学』産業図書、1996年

竹田青嗣『中学生からの哲学「超」入門――自分の意志を持つこと』ちくまプリマー新書、2009年

苫野一徳『はじめての哲学的思考』ちくまプリマー新書、2017年

吉賀正浩『哲学入門』東海大学出版会、1978年

著者略歴

青木育志（あおき・いくし）

1947年　大阪に生まれる
1971年　大阪市立大学法学部卒業
1971年　株式会社大丸（現、Ｊ.フロントリテイリング株式会社）入社
1999年　亜細亜証券印刷株式会社（現、株式会社プロネクサス）入社
2009年　同社退社

主　著
『客観主義と主観主義・哲学の根本問題』（青木育志）
『自由主義とは何か』（新風舎）
『弁論術の復興』（青木嵩山堂）
『「新自由主義」をぶっ壊す』（春風社）
『河合栄治郎の社会思想体系』（春風社）
『教養主義者・河合栄治郎』（春風社）
『西洋文明の謎と本質』（青木嵩山堂）
『哲学問題入門』（桜美林大学北東アジア総合研究所）
『明治の総合出版社・青木嵩山堂』（アジア・ユーラシア総合研究所、青木俊造との共著）
『日本道徳の構造』（アジア・ユーラシア総合研究所）

ホームページ「青木育志の書斎」(http://kyoyoushugi.wordpress.com/)

「主観主義」の哲学

2021年1月15日　初版第1刷発行

著　者　青木　育志
発行者　谷口　誠
発行所　一般財団法人 アジア・ユーラシア総合研究所
〒151-0051　東京都渋谷区千駄ヶ谷1-1-12
Tel・Fax：03-5413-8912
E-mail: n-e-a@obirin.ac.jp
印刷所　株式会社厚徳社

2020 Printed in Japan
ISBN978-4-909663-35-1

定価はカバーに表示してあります
乱丁・落丁はお取り替え致します